教育部基础学科拔尖学生培养2.0计划基地建设成果
国家级一流本科专业建设点建设成果
江苏高校品牌专业建设工程二期项目建设成果

江苏省高等教育教改研究课题"面向拔尖2.0的哲学拔尖人才
培养模式的探索与实践"(2019JSJG148)阶段性成果

U0653372

走近中华优秀传统文化

◎ 张　亮 主编

南京大学出版社

图书在版编目(CIP)数据

走近中华优秀传统文化 / 张亮主编. -- 南京 : 南京大学出版社，2018.6(2021.2重印)

ISBN 978 - 7 - 305 - 20170 - 7

Ⅰ. ①走… Ⅱ. ①张… Ⅲ. ①中华文化—通俗读物 Ⅳ. ①K203—49

中国版本图书馆 CIP 数据核字(2018)第 090583 号

出版发行　南京大学出版社

社　　址　南京市汉口路22号　　　　邮　编　210093

出 版 人　金鑫荣

书　　名　走近中华优秀传统文化

主　　编　张　亮

责任编辑　施　敏　田　甜

照　　排　南京南琳图文制作有限公司

印　　刷　南京鸿图印务有限公司

开　　本　718×1000 1/16　印张 11.25　字数 200 千

版　　次　2018 年 6 月第 1 版　2021 年 2 月第 2 次印刷

ISBN 978 - 7 - 305 - 20170 - 7

定　　价　35.00 元

网址：http://www.njupco.com

官方微博：http://weibo.com/njupco

官方微信号：njupress

销售咨询热线：(025) 83594756

目　录

上篇　基本理论

下篇　核心理念

- 上 篇 -

基 本 理 论

第一节
中国传统文化的世界历史地位

　　阿诺德·约瑟夫·汤因比(1889—1975)是整个 20 世纪最具世界性影响的西方历史学家和历史哲学家。20 世纪 70 年代初,他在接受访谈时预言,将来统一世界的大概不是西欧国家,也不是西欧化的国家,而是中国。① 鉴于中国当时的艰难状况,这一预言无疑是极其惊人的。那么,他为什么会做出如此预言呢? 他表示,如此高度评价中国,与其说是由于中国在现代史上比较短时期中所取得的成就,毋宁说是由于认识到,在这以前两千年期间所建立的功绩和中华民族一直保持下来的美德的缘故。② 也就是说,汤因比是基于对绵延不绝的中国传统文化的高度礼赞,成功预言了当时正处于低谷的中国在 21 世纪的伟大复兴。中国传统文化所拥有的崇高世界历史地位,由此可见一斑。

　　在世界文明史上,中国传统文化拥有怎样的地位呢?

----

① Arnold J. Toynbee, Daisaku Ikeda：*Choose Life：A Dialogue*, edited by Richard L. Gage, London：Oxford University Press，1976，p. 233.

② Arnold J. Toynbee, Daisaku Ikeda：*Choose Life：A Dialogue*, edited by Richard L. Gage, London：Oxford University Press，1976，p. 231.

阿诺德·约瑟夫·汤因比(Arnold Joseph Toynbee),英国历史学家、历史哲学家。在其代表作 12 卷本《历史研究》(1934—1961)中,汤因比系统阐述了他的"文化形态史观",揭示了文明诞生、生长、衰落和解体的规律。汤因比曾于 1929 年、1967 年两度访问中国。

第一,中国传统文化是历史悠久且至今仍富有极强生命力的文化。

"世界四大古文明"是 19 世纪以来被世界各地历史教科书广泛采用的一种说法。最通行的观点认为,这四大古文明是指产生于黄河流域的华夏文明、产生于两河流域的古巴比伦文明、产生于尼罗河流域的古埃及文明、产生于印度河恒河流域的古印度文明。

世界四大古文明对人类文明的发展都做出过巨大贡献,它们的伟大与辉煌无大小、高下之别,但生命力确有强弱之分。时至今日,与中国并称的其他三大文明古国巴比伦、古埃及、古印度,均已在历史的长河中或消亡、或中断,构成其文明核心的民族文化在世界文化史上逐渐淡出,并让位于其他新兴民族的文化。放眼世界四大古文明,唯有以中国传统文化为核心的华夏文明,绵延5000 余年而未有中断。

世界四大古文明发展进程一览图

文明名称		流域	文明形成的时间	文明消亡的契机	文明消亡的时间
古巴比伦文明		两河流域	约公元前4000 年	公元前 539 年新巴比伦王国被波斯帝国灭亡;此后两河流域不断遭受外来文明统治	约公元前 5 世纪
古埃及文明		尼罗河流域	约公元前3500 年	公元前 525 年被波斯帝国灭亡	约公元前 3 世纪
古印度文明	哈拉巴文明	印度河流域	约公元前2300 年	公元前 1750 年左右雅利安人入侵,印度河城邦消失	约公元前 1000 年
	古印度文明	恒河流域	约公元前1500 年	公元前 187 年孔雀帝国灭亡后,外族不断入侵,出现了长达 5 个多世纪的分裂时期	未灭亡,但有分裂和中断

（续表）

文明名称	流域	文明形成的时间	文明消亡的契机	文明消亡的时间
华夏文明	黄河流域	约公元前3000年	未灭亡	未灭亡

此表根据马克垚主编《世界文明史》第 2 版（北京大学出版社 2016 年版）、曹顺仙《世界文明史》（北京航空航天大学出版社 2006 年版）有关章节整理。

近代以来，中国传统文化面临空前的巨大挑战，但仍旧保有并焕发出了极强的生机。鸦片战争后，中国逐渐从曾经的"天朝大国"沦为半殖民地半封建国家，中国传统文化也在西学东渐的大潮中遭受前所未有的冲击。有些学者因此悲观地认为，中国传统文化无法适应现代生活方式，必然会随着中国古代社会一起成为历史，成为博物馆里的陈列品。20世纪 60 年代，美国汉学家列文森就认为："犹如古希腊文明，儒家文明也只具有了'历史的意义'……当所有过去的成就都成了没有围墙的博物馆的陈列品时，每一个国家的过去也就成了其他国家的历史，这意味着非儒教化和传统感的丧失。"①

就像历史已经昭示的那样，中国传统文化虽陷死地但经过艰难转型再次生存了下来，并以新的形态依旧影响、引导、规范着人们的思想和生活。融摄现代价值的"20 世纪新儒学"、关怀世俗生活的"人间佛教"、注重科学养生的"新道学"等，都是中国传统文化存活于现代世界的生动表征。不过，中国传统文化具有极强生命力的最突出表现还在于它与从西方传入中国的马克思主义相结合，促成了中国化马克思主义的诞生。正因为如此，毛泽东提出："学习我们的历史遗产，用马克思主义的方法给以批判的总结，是我们学习的另一任务。我们这个民族有数千年的历史，有它的特点，有它的许多珍贵品。对于这些，我们还是小学生。今天的中国是历史的中国的一个发展；我们是马克思主义的历史主义者，我们不应当割断历史。从孔夫子到孙中山，我们应当给以总结，承继这一份珍贵的遗产。这对于指导当前的伟大的运动，是有重要的帮助的。"②中共中央办公厅、国务院办公厅印发的《关于实施中华优秀传统文化传承发展工程的意见》也指出，"在 5000 多年文明发展中

---

① （美）列文森：《儒教中国及其现代命运》（Confucian China and Its Modern Fate），郑大华等译，北京：中国社会科学出版社，2000 年，第 382 页。
② 《毛泽东选集》（第二卷），北京：人民出版社，1991 年，第 533—534 页。

孕育的中华优秀传统文化,积淀着中华民族最深沉的精神追求,代表着中华民族独特的精神标识,是中华民族生生不息、发展壮大的丰厚滋养,是中国特色社会主义植根的文化沃土,是当代中国发展的突出优势,对延续和发展中华文明、促进人类文明进步,发挥着重要作用。"①

第二,中国传统文化是拥有巨大创造力并曾创造出辉煌成就的文化。

中国传统文化博大精深,"在中华民族的开化史上,有素称发达的农业和手工业,有许多伟大的思想家、科学家、发明家、政治家、军事家、文学家和艺术家,有丰富的文化典籍"②。中国古代的先民在哲学、史学、文学、艺术以及科学技术等领域都曾创造出辉煌灿烂的成就,留下丰硕的成果。

德国现代思想家卡尔·雅斯贝斯(1883—1969)认为,公元前800年至公元前200年是人类历史上的"轴心期",在这个时期里,哲学"几乎同时在中国、印度和西方这三个互不知晓的地区发展起来"③。在此后的长期发展过程中,中国形成了以孔孟哲学为标志的儒家哲学、以老庄哲学为标志的道家哲学、中国化了的佛教哲学,即"儒、道、释"三大派哲学,对中华文明乃至世界文明产生了巨大的、深远的影响。

"中国所能提供的古代原始资料比任何其他东方国家、也确实比大多数西方国家都要丰富。"④连一向对中国持贬低态度的德国著名哲学家黑格尔(1770—1831)都不得不承认,"历史必须从中华帝国说起","中国'历史作家'的层出不穷、继续不断,实在是任何民族所比不上的"⑤。中国史学有编年史,如《春秋》、《资治通鉴》等;有纪传史,如《史记》、《汉书》等"二十四史";还有浩如烟海的典章笔记、纪事本末等,其内容之丰富、形式之多样、史家之繁多,在世界历史上都是极其罕见的。

中国古代文学是世界上历史最悠久的文学之一。"汉语与梵语、希伯来语共同享有一

---

① 《中共中央办公厅、国务院办公厅印发关于实施中华优秀传统文化传承发展工程的意见》,《人民日报》,2017年1月26日,第6版。
② 《毛泽东选集》(第二卷),北京:人民出版社,1991年,第622页。
③ (德)卡尔·雅斯贝斯:《历史的起源与目标》,魏楚雄、俞新天译,北京:华夏出版社,1989年,第8页。
④ (英)李约瑟:《中国科学技术史》(第一卷),北京:科学出版社,上海:上海古籍出版社,1990年,第74页。
⑤ (德)黑格尔:《历史哲学》,王造时译,上海:上海书店出版社,2006年,第110页。

份殊荣,它们都拥有持续不断时间最长的文学传统之一……特别是汉语和梵文,在数千年间,覆盖了广阔的地理区域,积累了数量庞大的文学文本,它们至今仍被人研究、阅读。"②从中国最早的诗歌总集《诗经》,到楚辞、汉赋、唐诗、宋词、元曲、明清小说等,中国古代文学不仅种类样式繁多,且"一代有一代之所胜",给后世留下了大量具有永恒价值的灿烂文学典范。

英国著名艺术史家恩斯特·贡布里希(1909—2001)曾赞赏"伟大的中国艺术是一种精雅的艺术",甚至认为"与中国大师相比,西方画师可能显得粗糙",并把中国的书法和西方的音乐相媲美。③ 对贡布里希这种说法的理解自然可以仁者见仁、智者见智。不过,中国古代艺术确实比人们通常认为的要更丰富、更辉煌:建筑、雕塑、书法、绘画、音乐、戏曲等,每门艺术都各有特色,气韵卓然。

英国科学技术史学家李约瑟(1900—1995)指出,"中国文明在科学技术史上曾起过从来没有被认识到的巨大作用。"④中国不仅创造出了影响世界文明进程的造纸术、指南针、火药、印刷术,且在天文、算术、医药等方面亦曾取得过令世界瞩目的成就,其数量有 26 项之多。为什么是 26 项呢? 李约瑟自己的解释是,"因为 26 个字母都已用完了,但还有许多

黑格尔 (Georg Wilhelm Friedrich Hegel,1770—1831)是德国古典哲学的集大成者,其思想具有百科全书式的丰富性。但由于客观的历史原因,黑格尔对中国思想文化的认识充满偏见。他认为,"凡是我们认为是偶然的机会,认为是天然的联系,中国人却企图用巫术来解释或者实现。所以在这一点上,也可以看出他们的没有精神性。""他们的文字对于科学的发展便是一个大障碍。""它的显著的特色就是,凡是属于'精神'的一切——在实际上和理论上,绝对没有束缚的伦常、道德、情绪、内在的'宗教'、'科学'和真正的'艺术'——一概都离他们很远。"①

---

① (德)黑格尔:《历史哲学》,王造时译,上海:上海书店出版社,2006 年,第 124、125、128 页。

② (美)孙康宜、宇文所安主编:《剑桥中国文学史上·1375 年之前》,北京:生活·读书·新知三联书店,2013 年,第 12 页。

③ 范景中:《附庸风雅和艺术欣赏:纪念贡布里希诞辰一百周年》,杭州:中国美术学院出版社,2009 年,第 17 页。

④ (英)李约瑟:《中国科学技术史》(第一卷),北京:科学出版社,上海:上海古籍出版社,1990 年,第 8 页。

例子、甚至还有重要的例子可以列举"。在李约瑟看来,"中国的这些发明和发现往往远远超过同时代的欧洲,特别是在 15 世纪之前更是如此(关于这一点可以毫不费力地加以证明)"①。

中国传到西方的机械和其他技术②

序号	名称	西方落后于中国的大致时间 (以世纪计算)
A	龙骨车	15
b	石碾 用水车驱动的石碾	13 9
c	水排	11
d	风扇车和簸扬机	14
e	活塞风箱	约 14
f	提花机	4
g	缫丝机(锭翼式,以便把丝线均匀地绕在卷线车上,11 世纪时出现;14 世纪时应用水力纺车)	3—13
h	独轮车	9—10
i	加帆手推车	11
j	磨车	12
k	挽畜用的两种有效马具:胸带式 颈带式	8 6
l	弓弩(作为个人的武器)	13
m	风筝	约 12
n	竹蜻蜓(用线拉) 走马灯(由上升的热空气流驱动)	14 约 10
o	深钻技术	11
p	铸铁	10—12
q	常平悬架	8—9
r	弓形拱桥	7
s	铁索吊桥	10—13

---

① (英)李约瑟:《中国科学技术史》(第一卷),北京:科学出版社,上海:上海古籍出版社,1990 年,第 2 页。

② (英)李约瑟:《中国科学技术史》(第一卷),北京:科学出版社,上海:上海古籍出版社,1990 年,第 253 页。

（续表）

序号	名称	西方落后于中国的大致时间 （以世纪计算）
t	河渠闸门	7—17
u	造船和航运的许多原理	多于 10
v	船尾舵	约 4
w	火药 作为战争技术而使用的火药	5—6 4
x	磁罗盘（天然磁石制成的匙） 磁罗盘针 航海用磁罗盘	11 4 2
y	纸 印刷术（木板） 印刷术（活字版） 印刷术（金属活字版）	10 6 4 1
z	瓷器	11—13

第三，中国传统文化是具有广泛世界影响力的文化。

中国传统文化不仅有着悠久的纵向历史，绵延数千年而不间断，同时，还有着广泛的横向影响，近及亚洲，远及欧洲，很多国家和地区曾受过中国传统文化的泽被。

中国传统文化的世界影响力，首先表现在其对于亚洲诸国文化发展的导源作用。朝鲜是中国的邻邦之一，也是最早接受中国文化的国家。早在秦、汉以前，中国的古文献中就有了中朝文化交流的记载；秦、汉之后，中国的儒学、汉字、算学等陆续传入朝鲜，推动了整个朝鲜半岛的文化建设。日本在文化兴起之时，就受到中国传统文化的显著影响。《汉书·地理志》中就有"倭人岁时来献"的记载。东汉以后，尤其是隋唐时期，中国的政治、军事、文字、历史、宗教、哲学等内容传入日本，直接推动了日本社会和文化的长足进步。东南亚的越南、泰国、新加坡等国家，也都在不同程度上受到中国传统文化的影响，

李约瑟（Joseph Terence Montgomery Needham），英国近代生物化学家、科学技术史学家。他编撰的《中国科学技术史》共 7 卷 34 册，内容涉及天文、地理、物理、化学、生物等领域，第一次全面系统地向全世界展示了中国古代的科学技术成就，改变了人们的固有观念。

是"汉文化圈"的重要成员。

中国传统文化对亚洲诸国的影响

国家	主要影响
朝鲜	《汉书·地理志》有"箕子去之朝鲜,教其民以礼义,田蚕织作"的记载。中国传统文化大规模传入并影响朝鲜,主要是在朝鲜三国时代、统一新罗时代、高丽王朝、李朝时代等时期。
日本（旧称倭国、扶桑）	日本在文化兴起之时就受到中国传统文化的显著影响,徐福东渡日本的传说就是一个典型例证。《汉书·地理志》有"夫东浪海中有倭人,分为百余国,以岁时来献见"的记载。中国传统文化中的儒家思想、佛教思想、政治制度、教育制度等对公元7世纪至公元17世纪的日本产生了巨大的影响。
越南（旧称越裳式、越裳国、交趾、交州）	《四库全书总目·越史略》记载:"安南自汉迄唐,并为州郡。"越南古时是中国的一个郡县,深受中国传统文化的影响。越南胡朝皇帝胡季犛曾作"欲问安南事,安南风俗悖,衣冠唐制度,礼乐汉群臣"一诗,形象地反映了中国文化对越南的影响之广。
泰国（旧称泰王国、暹罗）	中泰两国交往始于13世纪末,《元史·暹国传》记载,"暹国当成宗元贞元年(1295)进金字表,欲朝廷遣使至其国。"其后,两国往来频繁,中国的陶瓷工艺、语言文字、戏曲文化、建筑艺术、古典小说等对泰国产生了较大影响。

此表根据朱耀廷主编《中国传统文化通论》(北京大学出版社2005年版)、武斌《中华文化海外传播史》第2卷(陕西人民出版社1998年版)有关章节整理。

中国传统文化也以其强大的辐射力远涉中亚、欧洲,对整个世界文明历史进程的推动发挥了重要的作用。英国哲学家弗朗西斯·培根(1561—1626)在16世纪末就认识到,印刷术、火药、指南针这三种来自中国的发明"已经在世界范围内把事物的全部面貌和情况都改变了:第一种是在学术方面,第二种是在战事方面,第三种是在航行方面;并由此又引起难以数计的变化来"[1]。到了19世纪60年代,马克思更是认为这些来自中国的发明推动了西方资本主义现代化的降临:"火药、指南针、印刷术——这是预告资产阶级社会到来的三大发明。火药把骑士阶层炸得粉碎,指南针打开了世界市场并建立了殖民地,而印刷术则变成新教的工具,总的来说变成科学复兴的手段,变成对精神发展创造必要前提的最强大的杠杆。"[2]

---

[1] （英）培根:《新工具》,许宝骙译,北京:商务印书馆,1984年,第103页。

[2] 《马克思恩格斯文集》(第8卷),北京:人民出版社,2009年,第338页。

中国古代文学艺术在欧洲也产生了一定影响。在艺术方面,承载着美术、绘画等艺术形式的丝绸、瓷器等器物经由丝绸之路传入欧洲,为西方艺术添加了一抹中国神韵;在文学方面,中国的小说、诗歌、戏曲等获得了外国学者的高度评价,如四大名著小说被译成了多种文字传播,《赵氏孤儿》等戏剧也被伏尔泰改成了法文版搬上了欧洲戏剧舞台;此外,中国的哲学亦对伏尔泰、莱布尼茨、狄德罗等欧洲诸多思想家产生了重要影响,在一定意义上促进了西方启蒙运动的兴起。

第四,中国传统文化是具有鲜明个性的文化。

没有个性的人容易被人遗忘,没有个性的文化也是如此。中国传统文化之所以具有历久弥新的独特魅力,就在于它有自己的鲜明个性。

首先,中国传统文化是一种"持中贵和"的文化。虽然世界其他地区也有强调"中庸"文化的,但却仅仅停留于某个哲学家的思想层面,没有像中国传统文化那样,将"中庸之道"渗透到大众文化的基因之中。梁漱溟比较研究了中国、西方和印度文化,指出:西方文化是意欲向前的文化,注重对外在自然的征服;印度文化是意欲向后的文化,注重人生的内在解脱;中国文化则居于两者之间,"是以意欲自为、调和、持中为其根本精神

梁漱溟(1893—1988),中国现代思想家、哲学家、教育家、社会活动家。他是现代新儒家的早期代表人物之一,也被人称为"中国最后一位大儒家"。

的"①。因为强调"持中",所以中国传统文化反对极端,崇尚"贵和"。"贵和"有多种表现:在人与人的关系上,是"礼之用,和为贵";在人与自然的关系上,是"天人合一";在文化与文化的关系上,就是兼容并收的包容性和同化力。

扫一扫
看 MooC

其次,中国传统文化是"德性优先"的文化。莱布尼茨在《中国近事》一书的序言中,曾发出过这样的感慨:"然而,昔日有谁会相信,地球上还有这样一个民族存在着,它比我们

① 刘梦溪主编:《中国现代学术经典·梁漱溟卷》,《东西文化及其哲学》,石家庄:河北教育出版社,1996年,第65页。

这个自以为在各方面都有教养的民族过着更具有道德的公民生活呢？但从我们对中国人的了解加深以后，我们却在他们身上发现了这一点。"他还表示，"在实践哲学方面，即在人类生活及日常风俗的伦理道德和政治学说方面，我不得不汗颜地承认他们远胜于我们"①。历史也确实如此。古中华文明是以"社会人间"为追求对象的，因而形成的是"以人为本"的价值取向。这种"以人为本"的价值取向，直接决定了中国传统文化必然要以"伦理道德"为本位，将重点落在对"人之为人"的德性的光明与安止之上。②

　　最后，中国传统文化是"天下一家"的文化。汤因比在分析中华民族的文化遗产时提到，在漫长的中国历史长河中，中华民族逐渐培育起来的世界精神是促使中国能够成为全世界统一的地理和文化上的主轴的原因之一。③ 这种"世界精神"就是中国传统文化"天下一家"的个性特征。中国传统伦理的独特性就在于一切社会、邦交伦理都是以家庭伦理为中心向外扩展而形成的，讲究"以天下为一家，以中国为一人"④。落到实践层面，就是以"天下"为起始，以"家庭"为基本单位，以全人类所生活的"世界"为出发点，将整个世界看作一个大家庭，在"天下—家庭"的空间中展开"家国统一"、"天下一家"的政治追求。

莱布尼茨（Gottfried Wilhelm Leibniz，1646—1716）是 17、18 世纪欧洲哲学家和科学家。与同时代欧洲思想家不同，莱布尼茨对中国很有兴趣，被认为是"1700 年前后关注中国的人中最了解实情、最公平合理的一个"。1697 年出版的《中国近事》是莱布尼茨第一部也是最有影响力的一部中国论著。这部作品收集了当时欧洲所能获得的有关中国的最新消息，介绍了中国的内政外交、科技文化等方面的大致情况。

---

① （德）莱布尼茨:《中国近事》,（法）梅谦立、杨保筠译;《莱布尼茨致读者》,（法）梅谦立译、李文潮校,郑州:大象出版社,2005 年,第 2 页。

② 徐小跃:《中国传统文化与儒道佛》,南京:江苏人民出版社,2016 年,第 19—21 页。

③ Arnold J. Toynbee, Daisaku Ikeda: *Choose Life: A Dialogue*, edited by Richard L. Gage, London: Oxford University Press, 1976, pp. 231—232.

④ 郑玄注,孔颖达疏:《礼记正义》,上海:上海古籍出版社,2008 年,第 914 页。

第二节
中国传统文化的发展历程(一)

讲到中国传统文化,人们最容易想到的形容词就是"源远流长"和"博大精深"。中国传统文化究竟怎样源远流长、博大精深呢?这需要深入其发展历程中去一探究竟。在《中国哲学简史》中,冯友兰指出,哲学是中国传统文化的核心和灵魂,"哲学在中国文化中的地位,历来被看为可以和宗教在其他文化中的地位相比拟"①。因此,人们往往会选择以哲学思想为主线,辅之以文学、历史、艺术、科技等其他文化形式,据以探寻中国传统文化曲折悠长的发展历程。

冯友兰(1895—1990),中国当代哲学家、教育家,"现代新儒家"的代表人物之一。他的《中国哲学史》(1931、1934)、《中国哲学简史》(1947)、《中国哲学史新编》(1980—1989)为中国哲学史学科的发展奠定了重要基础。其中,《中国哲学简史》是他在美国宾夕法尼亚大学任客座教授期间用英文撰写的,很多外国人都是因为此书认识了中国哲学。

　　一般说来,中国传统文化的发展历程大致可以分为三个阶段:第一,萌芽奠基阶段,对

---

①　冯友兰:《中国哲学简史》,赵复三译,天津:天津社会科学院出版社,2008年,第3页。

应的历史时期为包含夏、商、西周和春秋战国在内的先秦时期(公元前 21 世纪—公元前 221 年);第二,发展定型阶段,对应的历史时期为包含秦汉、魏晋南北朝、隋唐、两宋、元明清在内的封建大一统时期(公元前 221 年—公元 1840 年);第三,近代转型阶段,对应的历史时期为 1840 年鸦片战争以来的近现代时期。

中国传统文化的萌芽奠基期

先秦时期是中国传统文化漫长的萌芽奠基期,其中包含文化萌芽(夏商西周)和文化奠基(春秋战国)两大历史阶段。在第一个阶段,中国传统文化完成了从"神本"向"人本"的过渡,"德"、"孝"等一些至关重要的理念开始出现,"礼乐文化"的风貌也开始形成。在第二个阶段,随着百家争鸣局面的出现,中国传统文化获得长足而系统的发展,主要特征和基本精神逐渐成形。

(一)夏商西周时期的文化萌芽

神话是人类童年时期的口头文学作品。哲学、宗教、艺术、历史等人类基本精神活动都是从神话起步的。中国上古时代诞生了许多神话,如盘古开天地、女娲补天、夸父追日、伏羲画八卦、神农尝百草等。这些神话对中国文化的肇始和发展具有深远影响,但它们本身却是零碎的、混沌的,尚无法窥见中国传统文化的特征。公元前 21 世纪前后,夏朝(约前 21 世纪—约前 16 世纪)——中国文化史上第一个国家政权——建立。中国历史正式告别蒙昧进入文明时代,文化也伴随着政治经济的发展逐渐清晰繁盛起来。

殷周时期中国文化的典型特征是从神本主义向人本主义变迁。① 和世界其他古文明一样,夏以前的中国文化是一种巫觋文化,人们崇拜能够"通神"的巫术。随着人类理性力量的不断发展,殷商时期,"尊神祭鬼"的祭祀文化开始慢慢代替巫觋文化。周灭商后,为了证明周代商的合理性,周人强调"天命"会因为人事而转移,天随时都在寻找适合做君主的人,

[甲骨] [金文] [小篆]

① 张岱年、方克立:《中国文化概论》,北京:北京师范大学出版社,2004 年,第 62 页。

君主必须"以德配天"、"修德配命"、"敬德保民"。"人"的价值由此得到凸显。西周的文化也就逐渐过渡到更重人本的"礼乐文化"。①

《说文解字》中说:巫,"祝也。女能事无形,以舞降神者也"。巫也就是能够以舞降神的人。巫分男女,女性为巫,男性为觋。

西周时期中国文化最突出的特征是"礼乐文化"风貌的形成。"乐者,天地之和也;礼者,天地之序也。和,故百物皆化,序,故群物皆别。"(《礼记·乐记》)所谓礼乐文化,就是根据自然规范设定社会规范(礼乐),进而要求人们遵从这些由自然规范而来的社会规范(礼乐)。孔子说:"周监于二代,郁郁乎文哉!吾从周。"(《论语·八佾》)意思是说,西周的礼乐制度借鉴了夏商两代的为政得失而制定,已经非常完备,值得作为万世龟鉴,因此他遵从这种制度。"礼乐文化"被以孔子为代表的儒家继承并发展,对随后两千年间中国传统文化的发展构成了深远影响。

(二) 春秋战国时期的文化奠基

春秋战国时期是五霸七雄云起争霸、礼崩乐坏的战乱时代,也是百家争鸣的思想自由时代。在这一时期,中国传统文化得到了系统发展,出现了儒、墨、道、法、名、阴阳、杂、农等学派。其中,以儒、墨、道、法四家的哲学思想对后世文化影响最大。

诸子百家中的百家是个约数,形容其多也,按照有些学者的观点,当时可能有近200家甚至上千家。不过,有重要影响并且其思想能够系统流传下来的流派并不多。司马迁的父亲、西汉史学家司马谈在《论六家要旨》中把先秦、汉初思想流派分为阴阳、儒、墨、名、法、道德六家。西汉后期,经学家刘歆在司马谈所说的六家基础上又加上纵横家、杂家、农家和小说家四家,凑成10家。这个观点后来被东汉史学家班固写入《汉书》,之后被人普遍接受。

1. 儒家

先秦儒家学派是春秋战国时期影响最大的思想流派之一,其代表人物有孔子、孟子、荀子等。冯友兰认为,"孔子在中国历史中之地位,如苏格拉底之在西洋历史;孟子在中国历史中之地位,如柏拉图之在西洋历史,其气象之高明亢爽亦似之;荀子在中国历史中之

---

① 　陈来:《古代宗教与伦理——儒家思想的根源》,北京:生活·读书·新知三联书店,1996年,第4页。

地位如亚里士多德之在西洋历史,其气象之笃实沈博亦似之。"①苏格拉底、柏拉图、亚里士多德是古希腊时期著名的哲学家,对整个西方哲学的发展具有重要的奠基作用。冯友兰将孔、孟、荀于中国历史之地位类比古希腊三贤于西方历史之地位,可见孔、孟、荀对中国文化发展的影响之重。

孔子 (公元前 551—公元前 479)	苏格拉底 (公元前 469—公元前 399)
孟子 (约公元前 372—约公元前 289)	柏拉图 (公元前 427—公元前 347)
荀子 (约公元前 313?—公元前 238?)	亚里士多德 (公元前 384—公元前 322)

孔子的文化思想涉及诸多方面,其中最突出的是"礼"和"仁"。孔子一生都在致力于恢复"周礼"。他认为,诸侯纷争的源头在于"礼崩乐坏",因而只要能够恢复周代的礼乐文化,以礼治国,就能够改变政治环境,恢复盛业。要复周礼,仅仅恢复外在"礼"的制度是不够的,还要有促使人们自觉践行"礼"的内在基础,即"仁"。这是孔子以后中国传统文化最核心的部分。孔子讲,"人而不仁,如礼何?人而不仁,如乐何?"(《论语·八佾》)意思就是强调没有仁,人就不会自觉践行礼乐制度,再好的礼和乐都是没有用的。除了"仁"和"礼"外,孔子还提出了"德治"、"中庸"等主张,对后世中国传统哲学的发展产生了重要影响。

南京大学吴为山教授作品《孔子》

孔子,名丘,字仲尼,鲁国陬邑人(今山东曲阜),祖籍是宋国(今河南省),儒家学派的创始人,也是中国传统文化的核心人物。柳诒徵(1880—1956)认为,"无孔子则无中国文化。自孔子以前数千年之文化,赖孔子而传;自孔子以后数千年之文化,赖孔子而开。"②1988 年 1 月,75 位诺贝尔奖获得者在巴黎集会,经过四天讨论所得出的结论之一就是:"人类要在 21 世纪生存下去,必须回到 2500 年前去吸取孔子的智慧。"③由此可见孔子及其所创立的儒家学说对中国乃至整个人类社会都有着至关重要的影响。

---

① 冯友兰:《中国哲学史》(上),上海:华东师范大学出版社,2000 年,第 86 页。
② 柳诒徵:《中国文化史》(上),上海:上海古籍出版社,2001 年,第 263 页。
③ 曹德明主编:《中外人文交流的亮丽名片》,上海:上海人民出版社,2014 年,第 234 页。

孔子之后的先秦儒家思想发生分化,其中最重要的是孟子和荀子的思想。

时　间	年　龄	事　件
公元前 551 年	1 岁	出生于鲁国昌平陬邑(今山东曲阜),因祷于尼丘山而生,故名曰"丘",字"仲尼"。
公元前 533 年	19 岁	娶宋人亓官氏为妻。
公元前 532 年	20 岁	生子名"鲤",字"伯鱼"。 孔子出任季孙氏委吏,管理仓库。
公元前 522 年	30 岁	设教授徒。颜子、仲由、冉求、冉雍等学于孔子。
公元前 518 年	34 岁	适周,观周朝文物制度。
公元前 517 年	35 岁	赴齐,闻韶乐。
公元前 501 年	51 岁	出仕为中都宰,一年大治。
公元前 500 年	52 岁	由中都宰升任小司空,又升任大司寇,摄相事。
公元前 497 年	55 岁	辞官适卫,开始周游列国。
公元前 484 年	68 岁	结束十四年周游,回到鲁国,致力于教育和古代文献整理。
公元前 483 年	69 岁	孔鲤去世。
公元前 481 年	71 岁	颜子去世,孔子大恸。
公元前 480 年	72 岁	卫国内乱,子路战死。
公元前 479 年	73 岁	去世。

孟子,名轲,字子舆,战国时期邹城(今山东邹城市)人。孟子进一步发展了孔子的"仁学"思想,提出"性善论",认为人皆有"恻隐"、"羞恶"、"辞让"、"是非"这内在的"四心"对应"仁"、"义"、"礼"、"智"四端,这"四端"并非由外在加于人身,而是人本来就有的,所以人性生来是善的。基于"性善论",孟子提出了"民贵君轻"、"先义后利"、"施行仁政"等主张,对后世政治产生了积极影响。

时　间	年　龄	事　件
公元前 372 年	1 岁	出生于邹(今山东邹城)
公元前 366 年	7 岁	孟母三迁断机。
公元前 327 年	46 岁	母丧,故以大夫之礼葬母。
公元前 324 年	49 岁	守丧期满,返齐,道不行,之宋。
公元前 323 年	50 岁	滕定公薨,文公使然友两次问丧于孟子。

(续表)

时　间	年　龄	事　件
公元前322年	51岁	鲁平公使乐正子为政,孟子喜不能寐,至鲁,遭臧仓沮。后至滕,滕文公问仁政。
公元前321年	52岁	与许行等辩论,主张以夏变夷,提出"劳心者治人,劳力者治于人"的社会分工说。
公元前320年	53岁	孟子见梁惠王,多次论政。
公元前317年	56岁	滕文公薨。孟子在齐为卿。
公元前312年	61岁	离齐,结束游历。
公元前311年	62岁	与万章之徒讲学,著《孟子》。
公元前289年	84岁	孟子去世。

荀子,名况,字卿,战国末期赵国人。荀子在继承儒家学说的同时,还批判吸收了墨、道、名、法等家学说,形成了自己独特的思想体系。荀子不赞成孟子的"性善论",认为"性"指人的自然欲望,而人的欲望是无限度的,任其发展只能导致"恶"的结果;所以应当"隆礼重法",对人加以后天礼义法度的教化,使人先天的"恶性"转化为后天的"德性",即"化性起伪"。荀子还提出了"天行有常"、"天人相分"、"制天命而用之"的天道观,对后世认识人与自然的关系有着重要影响。

由孔子创立,后经孟子、荀子等人继承和发展的儒家学派对中国传统文化的发展具有至关重要的奠基作用。在其后的两千多年时间里,儒家思想一直占据中华传统文化的主导地位,影响着传统文化的方方面面,成为中国传统文化最重要的组成部分。

2. 道家

道家学派是春秋战国时期的另一大思想流派,其代表人物是老子和庄子。

现在一般认为老子姓李名耳,字伯阳,楚国苦县厉乡曲仁里人。胡适(1891—1962)评价"老子是中国哲学的鼻祖,是中国哲学史上第一位真正的哲学家"①。中国道教的神话故事中有一位家喻户晓的神仙太上老君,其原型就是被神化了的老子。老子的哲学思想主要体现在《道德经》(又称《老子》)一书中。《老子》仅有短短五千多字,但却是全球被译为外国文字出版发行量最大的著作之一。鲁迅认为,"不读《老子》一书,就不知中国文化,

---

① 李世东、陈应发、杨国荣:《老子文化与现代文明》,北京:中国社会出版社,2008年,第270页。

不知人生真谛。"①由此可见老子哲学思想对后世中国文化的深远影响。

　　"道"是老子哲学思想的核心,也是道家哲学的最高范畴。老子认为,"道生一,一生二,二生三,三生万物。"(《老子·四十二章》)意思是说,"道"是天地万物之所以存在的源头,是天地之始、万物之宗。"道"具有哪些特征呢？老子认为,首先,"道"具有"独立而不改、周行而不殆"的永恒性和运动性规律;其次,"道"能生天地万物之"有",但"道"本身却不是事物,"无"才是其本体,因而道兼具"有"、"无",具有辩证性特征。在"道"的思想主导下,老子进一步提出,"道常无为,而无不为"(《老子·三十七章》),意思是说,"道"是顺其自然、不妄为的,同时,"道"又是无所不能为的。因此,老子建议,应当"道法自然",实行"无为而治",以"无为"达"有为"。老子的思想对后世的政治、哲学、宗教等都产生了重要影响,汉初黄老之学、魏晋玄学以及中国本土化的道教,都是在借鉴其基础上形成和发展出来的。

胡适(1891—1962),原名嗣穈,学名洪骍,字希疆,笔名胡适,字适之,现代中国思想家、文学家、哲学家。1919 年,胡适根据自己留学美国时的博士学位论文《中国古代哲学方法之进化史》编写出版《中国哲学史大纲(上)》。这是中国近代史上第一部系统地应用西方观点和方法写成的中国古代哲学史,在中国哲学史学发展史上占有重要地位。

南京大学吴为山教授作品《老子》

　　唐诗云"庄生晓梦迷蝴蝶,望帝春心托杜鹃",这个"庄生"就是与老子并称"老庄"的庄子。

　　庄子(约公元前 369—前 286),名周,字子休(一说子沐),是当时诸侯国宋国的蒙人(现在安徽省蒙城县),是老子之后道家学派最重要的代表人物。司马迁《史记卷六十三·老子韩非列传第三》说:"庄子者,蒙人也,名周。周尝为蒙漆园吏,与梁惠王、齐宣王同时。其学无所不阚,然其要本归

①　李世东、陈应发、杨国荣:《老子文化与现代文明》,北京:中国社会出版社,2008 年,第 270 页。

于老子之言。故其著书十余万言,大抵率寓言也。"庄子注重精神世界的开拓,他将老子思想中的两极辩证、自然无为等观念融入人的精神世界,从而开展出超脱世俗、万物齐一、逍遥无我的自由境界。他说,"天地与我并生,而万物与我为一"(《庄子·齐物论》);又说"乘天地之正,而御六气之辩,以游无穷"(《庄子·逍遥游》)。这种天马行空、无所限隔的心灵世界,不仅成为后世道教人士所追寻的道境,也成为中国艺术家所探寻的艺术境界。庄子对中国文学的影响同样十分巨大。郭沫若(1892—1978)指出:"秦汉以来的每一部中国文学史,差不多大半是在他的影响之下发展的"①,"以思想家而兼文章家的人,在中国古代哲人中,实在是绝无仅有"②。

道家思想与儒家思想相伴相长、共生互补,一同构成了中国传统文化不可或缺的两大主线。

3. 法家

春秋战国时期礼崩乐坏有两个结果:一是平民的解放,一是君主的集权。③ 平民的解放造就了百家争鸣的自由繁荣局面,促进了儒家、道家等学说的兴起和发展;君主的集权则推动了政治的发展、历史的进步,为提倡从君主出发的法家学说的发展提供了巨大空间。

扫一扫
看 MooC

法家是先秦诸子之中对于刑名赏罚的法制理念最为重视的一派,代表人物有商鞅、申不害、慎到、韩非子等。

商鞅(约公元前395—公元前338),战国时期卫国人,他在秦国施行改革,使秦国成为战国后期最强大的诸侯国。他重"法",即主张用严刑峻法来推行法令。他认为"刑"乃"义"之本,"以刑治则民威(畏),民威则无奸,无奸则民安其所乐"(《商君书·开塞》)。只有刑法才是治国的根本之道。

申不害(公元前385—公元前337),战国时期郑国人,他在韩国推进改革,十五年便使韩国强盛起来。他重"术",即强调御下要有方法和技巧。他认为明君驾驭天下的关键在

---

① 郭沫若:《庄子与鲁迅》,载于《郭沫若全集》(文学编)第十九卷,北京:人民文学出版社,1992年,第64页。

② 郭沫若:《庄子与鲁迅》,载于《郭沫若全集》(文学编)第十九卷,北京:人民文学出版社,1992年,第67页。

③ 冯友兰:《中国哲学史》(上),上海:华东师范大学出版社,2000年,第234页。

于掌握刑名之术,以君主之"无为"御臣下之"有为"。

慎到(公元前390—公元前315),战国时期赵国人,他长期在齐国的"稷下学宫"讲学,门徒众多,享有盛名。他重"势",即强调权势。他认为"贤不足以服不肖,而势位足以屈贤矣"(《慎子·威德篇》)。君主只有贵势、任法才能够保持自己的权位,并使天下臣服于自己。

韩非(约公元前280—公元前233),战国时期韩国都城新郑(今河南省郑州市新郑)人,法家学派的集大成者。韩非子曾师从荀子。他在继承荀子"性恶论"的基础上提出,人皆有"欲利之心",皆是为利而生,是自私的。因此,人不可能心悦诚服地出让自己的利益给君主,君主须用法治来维护统治地位。但只讲"法",不讲权术和势力是不够的,君无"术"则不知"奸",君无"势"则臣下乱,因此,法、术、势三者,在君主治理国家时,缺一不可。落实于操作层面,于"法"而言,就是制定成文法令时,既要严厉,又要公正;于"术"而言,就是操纵臣下时,既要知人善任,又要论功行赏;于"势"而言,就是要独掌权力,处"制人"之至高无上的地位。在重法、用术、贵势的基础上,君主便可进一步加强中央集权统治推行法治。《史记》记载,秦王见到韩非子所著的《孤愤》、《五蠹》等书时,曾感慨道:"嗟乎,寡人得见此人与之游,死不恨矣!"由此可见秦始皇对于韩非子的赞赏。秦始皇治国很大程度上正是受益于韩非子等人的法家学说。

法家从政治角度出发的法治思想契合了战国时期的政治需求,因而成为当时的显学,在中国大一统国家的形成过程中发挥了重要作用。汉武帝"独尊儒术"后,法家不再是显学,但它并没有退出历史舞台,而是以外儒内法的隐秘方式继续存在并对传统中国的国家治理产生持续影响。

4. 墨家

墨家是战国时期另一门"显学"。

墨子(生卒年不详),名翟,东周春秋末期战国初期宋国人,一说鲁阳人,一说滕国人,墨家学派的创始人和代表性人物。墨子的思想主要体现在《鲁问》篇记载的十个方面,即"国家昏乱,则语之尚贤、尚同;国家贫,则语之节用、节葬;国家熹音湛湎,则语之非乐、非命;国家淫僻无礼,则语之尊天、事鬼;国家务夺侵凌,则语之兼爱、非攻"。

"兼爱"是墨子十大主张的核心,也是墨家区别于其他各家学说的标志。在墨子看来,"凡天下祸篡怨恨,其所以起者,以不相爱生也"(《兼爱中》)。如果人人都能够待人如待己,不分亲疏远近、贫富贵贱,兼爱所有人,那么人人相爱、天下太平的理想将指日可达。与儒家亲亲有差、尊贤有等的"差等之爱"主张不同,墨子强调,要用平等的无差别的爱来代替有差别的爱,人人去爱他人之"亲",则自己之"亲"也会得到相同的回报。"非攻"是由"兼爱"延伸而来的国际交往原则。一方面,非正义的攻伐战争对于交战双方而言,都是百害而无一利的;另一方面,实行"兼爱"原则后,人人友好,天下一家,攻伐战争也就没有必要了。因此,墨子大力倡导"非攻",反对非正义的攻伐战争,这在很大程度上契合了时人对于战争的厌恶和对于和平的期盼心理,因而受到下层民众的普遍欢迎,一度影响巨大。他的这些思想即便在两千年后的今天,依然具有不可磨灭的价值。

第三节
中国传统文化的发展历程(二)

中国传统文化的发展定型期

公元前 221 年,秦灭六国,建立了中国历史上第一个统一的专制帝国。此后近两千年的封建大一统时期是中国传统文化的定型期,其中又可以分为秦汉、魏晋南北朝、隋唐、两宋、元明清等发展阶段。秦汉时期,中国传统文化的政治、经济、民族、心理等基础均基本形成,文化的主体形态也基本定型;魏晋时期,中国传统文化在政治动荡、经济发展、民族融合进一步加强等因素的共同推动下,进入一个多彩纷呈的多元发展阶段;隋唐时期,国力的强盛和对外交流的加强将中国传统文化推进到开放包容、繁盛辉煌的鼎盛阶段;两宋时期,中国传统文化转而呈现出内省、成熟、细腻的特征,这种气象的出现与政治的动乱、军事的孱弱以及市民经济的繁荣不无关系;元明清时期,中国传统文化逐渐由多元开放走向专制保守,但黑暗孕育着光明,新的思想启蒙悄然出现。

秦汉	定型	儿童时代（总角之年）
魏晋南北朝	多元发展	少年时代（束发之年）
隋唐	鼎盛	青年时代（而立之年）
两宋	成熟	成年时代（不惑之年）
元明清	迟暮	老年时代（皓首之年）

（一）秦汉时期

"秦王扫六合，虎视何雄哉！挥剑决浮云，诸侯尽西来。"（李白《古风》）公元前 221 年，秦王嬴政（公元前 259—公元前 210）灭六国，建立了中国历史上第一个统一的专制帝国。秦帝国的建立是中国历史上一个承前启后的转折点。"盖嬴政称皇帝之年，实前此二千数百年之结局，亦为后此二千数百年之起点，不可谓非历史一大关键。惟秦虽有经营统一之功，而未能尽行其规划一统之策。凡秦之政，皆待汉行之。秦人启其端，汉人竟其绪。"①为了维护中央集权，秦始皇施行"车同轨"、"书同文"、"度同制"、"行同伦"、"地同域"等措施，强力推进经济、社会、思想、文化的统一。我们可以抨击秦始皇行暴政，但绝不可以抹杀秦始皇上述施政的重大历史意义，因为正是这些措施实实在在地增进了当时人们在经济、政治、文化生活和心理上的共同性，为中华文化共同体的形成奠定了坚实基础。以"书同文"为例，"如果没有秦的改革，可以想象，几种地区性的不同文字可能会长期存在下去。如果出现这种情况，不能设想中国的政治统一能够长期维持。在造成政治统一和文化统一的一切文化力量中，文字的一致性（与方言的多样性正好形成对比）几乎肯定是最有影响的因素"②。

秦二世而竭，它所开创的各项事业由后续的两汉所继承和完成。中国传统文化的主体形态在两汉时期基本定型。西汉初年，文景两帝崇尚黄老之学，即道家思想，主张清静无为、与民休息，使因长期战争而耗竭的国力、民力得到恢复，为汉武帝刘彻（公元前 156—公元前 87）后来施展文治武功、创立"四海承平"的盛世奠定了基础。景帝后期，哲学家、政治家董仲舒（公元前 179—公元前 104）提出应用儒家的"大一统"思想来巩固中央

---

① 柳诒徵：《中国文化史》（上），上海：上海古籍出版社，2001 年，第 329 页。
② （英）崔瑞德、鲁惟一编：《剑桥中国秦汉史》，杨品泉等译，北京：中国社会科学出版社，1992 年，第 54 页。

集权。这一思想不为景帝所喜,却契合了汉武帝刘彻大一统的需要,于是汉武帝接受董仲舒的建议,"罢黜百家,独尊儒术",尊《诗》《书》《礼》《易》《春秋》为五经,奉儒学为官学,儒家学说由此兴盛,并在其后两千多年的中国文化历史中持续占据主导地位。

秦始皇嬴政

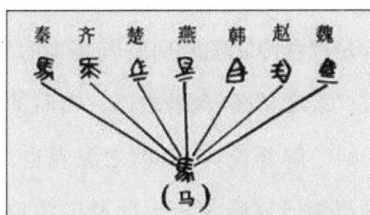

书同文

汉代的历史学、文学及文化交流等也都成就斐然。司马迁(公元前145—?)创作"究天人之际,通古今之变,成一家之言"的《史记》,被誉为"史家之绝唱,无韵之《离骚》"。辞藻华丽、"苞括宇宙、总览人物"的汉赋对后世文学的发展具有重要影响。张骞(公元前164—公元前114)两次出使西域,开辟丝绸之路,促进了东西方文明的交流与交融,对中国乃至世界文化的发展都做出了巨大贡献。

董仲舒

汉武帝

司马迁

（二）魏晋南北朝时期

公元 220 年，东汉灭亡。此后近四百年的魏晋南北朝是中国历史上政权更迭最频繁的时期。长期的封建割据、连绵不断的战争、不断加强的民族融合以及西方文化的羼入，使得这一时期的文化发展呈现出多姿多彩、多元多样的特征。

玄学是魏晋南北朝时期发展起来的文化新潮。《老子》说："玄之又玄，众妙之门。"当时的玄学家王弼（226—249）解释说："玄，谓之深者也。"所以，玄学可以理解为研究幽深玄远问题的学说。魏晋玄

敦煌莫高窟第 323 窟中的张骞出使西域图壁画

学以道家思想为骨干，结合儒道、会通孔老。魏晋玄学经历了贵无论、崇有论、独化论几个阶段，对有无、言意、自然与名教等问题进行了深入的讨论。曹魏早期，何晏（？—249）、王弼提出了"天地万物皆以无为本"的"贵无"主张，强调"名教本于自然"。曹魏晚期，以嵇康（224—263，也说 223—262）、阮籍（210—263）为代表的"竹林七贤"，集悲天悯人的胸怀与闲适旷达的风骨融于一体，提出了"越名教而任自然"的主张。西晋时期，玄学的代表人物裴頠（267—300）、向秀（约 227—272）、郭象（252—312）等人有感于"贵无"误国，转而立足现实，提出"崇有"的理论，主张"名教即自然"，调和了"自然"与"名教"的关系，促成了儒道合流。张岱年（1909—2004）认为，玄学谈玄析理的抽象思维为中国传统哲学注入了生气勃勃的活力；其在现实人生中追求无限的体验，更是促成了"重神理而遗形骸"、"重自然而轻雕饰"的魏晋美学精魂的形成。玄学对后世中国知识分子的心灵世界产生了深远影响，中国士人玄、远、清、虚的生活情趣就铸造于此。①

如果说春秋战国时的诸子百家奠定了中国传统文化的基调，那么，魏晋南北朝时期的玄、佛、儒家思想则成就了唐以后中国传统文化的格局。除玄学外，魏晋南北朝时期的文化对中国传统文化的影响之大，还表现在道教的创建以及佛教的传入。根植于中国本土的道教初创于东汉，在魏晋时期得到了极大的发展，成为我国本土文化中的重要组成部

---

① 张岱年、方克立：《中国文化概论》，北京：北京师范大学出版社，2004 年，第 72 页。

分,并间接促进了我国古代医药、冶炼、音乐等科学文化的发展。起源于印度的佛教于东汉初年传入我国,到南北朝时期得到广泛的传播。唐诗有语云:"南朝四百八十寺,多少楼台烟雨中。"当时佛教之兴盛由此可见一斑。自此以后,儒学与佛教、道教在相互冲突与融合中不断发展,形成了多元碰撞、多向度发展的魏晋南北朝文化格局,为唐以后儒学为主,儒、佛、道多元发展的中国传统文化格局奠定了基础。

　　魏晋南北朝时期的文学艺术也得到了极大的发展。云冈、龙门、敦煌的石窟雕像,顾恺之(348—409)的绘画,王羲之(303—361,也说 321—379)的书法等,代表了当时艺术的最高水平。

顾恺之《洛神赋图》(局部)

王羲之《兰亭集序》(局部)

名称	开凿时代	评价
云冈石窟	一般认为开凿年代为公元 453 年,至孝文帝迁都洛阳之后(公元 493 年),这四十年间应是云冈石窟的主要建窟时代。此后直到孝明帝正光年间(520—525)仍凿建了一些小窟。	在技术与艺术上都气魄宏大,造像内容丰富,每尊大像都姿态生动、线条简练、富于质感,被誉为"东亚佛教美术的母胎"。
龙门石窟	北魏孝文帝太和十八年(公元 494 年)开始开凿,历东魏、北齐、隋、唐、北宋四百余年陆续营建。	艺术造型具有明显的世俗化和民族化趋势,摆脱早期造像的神秘色彩,成为我国古代雕刻艺术的精华。
敦煌石窟	十六国时前秦建元二年(公元 366 年)僧乐尊开始凿窟造像。隋、唐以及元代均有增建。	窟中壁画,反映了我国古代狩猎、耕作、纺织、交通、作战,以及房屋建设、音乐舞蹈、婚丧嫁娶等生产活动和社会生活的各个方面,闪耀着我国古代劳动人民智慧的光辉。

（三）隋唐时期

"天下大势,分久必合,合久必分。"经历了魏晋南北朝的分裂,隋文帝杨坚(541—604)重新实现了国家的大一统,随后的李唐王朝相继开疆扩土,共同开创了足以与横跨亚非欧的阿拉伯帝国分庭抗礼的隋唐盛世。

隋唐时期文化最显著的特征是开放包容。"有容乃大,正是唐文化超轶前朝的特有气派,是唐文化金光熠熠的深厚根基。"①首先,唐朝是我国多民族国家进一步发展的重要时期,突厥、回纥、吐蕃、南诏等少数民族在被汉文化同化的同时,也深刻影响了汉族书法、绘画、诗文、音乐等文化艺术的发展。其次,唐朝是我国对外交往的重要时期,通过通往中亚和西方的海陆"丝绸之路",南亚的佛学、音乐和美术,中亚的音乐和舞蹈,西亚乃至西方世界的宗教、建筑等涌入中国,为中华文化添新加彩。第三,中华文化传入东亚诸国,深入影响了整个东亚的文化和政治,对朝鲜、日本、越南等周边国家文化的发展产生了深远的影响。汉学家崔瑞德指出:"在隋唐,中国对东亚广大地区的密切的文化影响就这样确立了,并且直至近代那里还受中国文明的支配。"②

隋唐时期中国传统文化发展的另一显著特征是宗教的盛行。佛道两教在这一时期皆进入极盛时代。唐朝李氏具有胡人血统,但却攀附同姓的老子李聃为始祖,大力扶持道教发展。同时,佛教也在统治者的支持下进入鼎盛时期,形成了天台宗、唯识宗、律宗、华严宗、密宗、净土宗、三论宗、禅宗等佛教宗派。其中,天台宗、华严宗,尤其是禅宗吸收了中国本土的儒、道等哲学思想,逐渐发展成为中国化的佛教宗派。佛道两家在发展中不断论争、融合,对唐以后的中国文化产生了深远的影响。

"论文与诗,莫盛于唐。"③诗歌是中国文学的代表,唐代则是中国诗歌艺术的巅峰时期。唐诗的数量并不算特别多。清代编纂的《全唐诗》收录了2200多位作者的48900余首作品,而乾隆皇帝一个人一辈子写了41863首诗!唐诗的伟大成就主要体现在风格多样和名家辈出上。从初唐四杰到盛唐"诗仙"李白和"诗圣"杜甫,从边塞诗派的高适、岑参

---

① 张岱年、方克立:《中国文化概论》,北京:北京师范大学出版社,2004年,第75页。

② (英)崔瑞德编:《剑桥中国隋唐史》,北京:中国社会科学出版社,1990年,第34页。

③ 柳诒徵:《中国文化史》(下),上海:上海古籍出版社,2001年,第521页。

到山水田园诗派的王维、孟浩然等,这些著名的诗人用珠玉般的诗句照耀了中国文坛,也内化为每一个中国人血脉中的文化沉淀。

唐代的书法、绘画等也成就巨大,尽显盛唐风采。

(四) 两宋时期

907 年,唐朝大将朱温(852—912)废黜唐朝皇帝,自立为后梁皇帝,自此历史进入五代十国的分裂割据时期。960 年,赵匡胤(927—976)发动"陈桥兵变",建立北宋政权,终结分裂割据,重建大一统的封建国家。为了避免重蹈五代十国的覆辙,两宋统治者采取了"重文轻武"的政治策略,一方面重用文官,标榜"与士大夫共天下",在客观上为文化的繁荣发展创造了有利条件;另一方面抑制武官权力,以文驭武,在有效维护中央集权的同时,也导致了军力下降、外交失利,国家气象趋于萎靡,文化类型转向封闭内省。

道学是两宋时期哲学思想文化的主要标志。宋代道学主要分理学与心学两派。周敦颐(1017—1073)、张载(1020—1077)、程颢(1032—1085)和程颐(1033—1107)、朱熹(1130—1200)等人以儒家思想为主体,在吸收佛道思想的基础上对儒学进行了大改造,建立了"程朱理学"体系。其中,

扫一扫
看 MooC

朱熹是理学研究的集大成者。朱熹提出,"天下之物皆有其所以然之理","理"是最高的范畴。而人之"天理"常被"人欲"所蔽,因此要格物致知,自律修身,以灭"人欲"而存"天理"。与朱熹同时,陆九渊(1139—1193)另立一派,提出"心学"范畴,与"程朱理学"相对。陆九渊强调,"吾心即道",心外无物,只需任其自然,心自能自作主宰。"理学是中国后期封建社会最为精致、最为完备的理论体系,其影响至深至巨。"①一方面,理学诸家探究宇宙原理的专注、推崇师道和人格教育的热情,在一定程度上推动了哲学的进步和教育的复兴,直接影响了后世中国哲学和教育的发展;另一方面,虽然理学派别不同,修养功夫各异,但诸儒皆注重躬行实践,明体达用,在很大程度上强化了中华民族注重气节、勇担责任的文化性格,张载的"四句教"、顾炎武(1613—1682)的"天下兴亡、匹夫有责"等,无不彰显着理学的这种精神价值与道德节操。柳诒徵认为,"上下千古,求其学者派别孔多,而无不讲求

---

① 张岱年、方克立:《中国文化概论》,北京:北京师范大学出版社,2004 年,第 77 页。

修身为人之道者,殆无过于赵宋一朝。故谓有宋为中国学术最盛之时代,实无不可。"①

　　宋词是两宋文学的最高成就。词,形成于唐代,五代十国后开始兴盛,至宋代达到顶峰。与"唐诗"的大气、豪迈不同,宋词更多地表现出精致、细腻的文化风格。这首先与诗词的体裁差异有关。王国维(1877—1927)在《人间词话》中说:"词之为体,要眇宜修。能言诗之所不能言,而不能尽言诗之所能言。诗之景阔,词之言长。"其次,这也与两宋动荡的时局、纤弱的国家气象不无关系。此外,随着商品经济的发展,市民文化逐渐兴起,极大地推动了绘画、戏剧、科技等文化形式的发展。中国传统文化发展到两宋已渐趋成熟、精密。

(五) 元明清时期

　　元朝时期中国文化最大的特点是多元化。"多元文化的构成及其相互影响,是 10—14 世纪中国历史的显著特征。"②公元 13 世纪,蒙古族入侵,先后灭辽、夏、金、南宋等国,建立了统一的元朝,中国的疆域得到空前的扩大,多民族融合也达顶峰。与之相随的,是汉族文化与少数民族文化、中国文化与外域文化的交流融合也空前加强。"在忽必烈时代的中国能遇到的这些服装、举止、仪式、食物、艺术、技艺、哲学和学说的多样性,是自 7、8 世纪唐代长安的盛况以来从未见过的。"③程朱理学的官学地位、元杂剧散曲的空前成就、数学天文等科技的遥遥领先等,无不佐证元朝文化的多元性。

　　与元朝文化的多元化和开放性不同,明清文化呈现出了专制沉暮与启蒙觉醒并存的特征。一方面,随着封建专制统治的加强,文化专制空前严厉,文字狱时有发生,文人的思想自由空间狭窄,训诂考据之学蔚然成风;另一方面,在愈加专制的文化统治压迫下,市民反叛意识逐渐觉醒,早期的启蒙思潮开始出现,哲学思想和文学艺术都有了一定的开新。在哲学思想方面,王守仁(1472—1529)提出"心即是理"的心学主张,认为追求最高的理不必向外探求,而只需反观内心,"致良知"即可,为明清之际人文思潮的兴起奠定了哲学基

---

①　柳诒徵:《中国文化史》(下),上海:上海古籍出版社,2001 年,第 570 页。

②　(德)傅海波、(英)崔瑞德:《剑桥中国辽西夏金元史》中译本序言,史卫民等译,北京:中国社会科学出版社,1998 年,第 2 页。

③　(德)傅海波、(英)崔瑞德:《剑桥中国辽西夏金元史》,史卫民等译,北京:中国社会科学出版社,1998 年,第 735 页。

础;其后,明清之际的黄宗羲(1610—1695)、顾炎武(1613—1682)、王夫之(1619—1692)等思想家从各个方面与作为封建正统文化的程朱理学展开论战,反对理学中的禁欲主义,高扬人的主体性。在文学艺术方面,市民文学兴起,以《三国演义》、《水浒传》、《西游记》、《红楼梦》四大名著为代表的小说发展繁盛,古典小说成就达到顶峰。此外,《永乐大典》、《康熙字典》、《四库全书》等大型图书典籍的编修,也代表着中国古典文化的成熟,对传统文化的传承起到了重要作用。

王守仁

黄宗羲

顾炎武

王夫之

明清时代的中国虽已出现了启蒙思想的萌芽,但当时的封建专制制度并没有发生根本的变化。随着封建专制统治的加强,文化禁锢愈演愈烈,最终启蒙的萌芽被扼杀于摇篮之中,中国的传统文化也逐渐呈现出了保守与衰败的趋势。

第四节
中国传统文化的发展历程(三)

  1840 年,鸦片战争爆发。战争以英国这个世界上第一个工业化国家的胜利告终。随后,中国这个曾经的"天朝上国"逐渐沦为半殖民地半封建国家,西方文化尾随坚船利炮汹涌进入中国,极大地冲击和动摇了早期迟暮的中国传统文化。中国传统文化陷入近 2000 年来的最大危机,迫使中国人睁开眼睛看世界、学西方,从此踏上探寻中国传统文化近代转型的艰难之路。

  中国传统文化的近代转型实际上是中国人救亡图存民族运动的一个有机组成部分,其核心与本质是如何对待西方文化、如何处理中西方文化的关系。对于长期处于东亚文化圈核心领导地位的中国来说,放下既有的优越感,平等接受、吸收西方文化,无疑是艰难的。因此,中国传统文化的近代转型大致经历了三个变革阶段:第一是洋务运动前后"中体西用"的器物文化变革阶段;第二是戊戌变法前后"即中即西"的制度文化变革阶段;第三是辛亥革命之后"新文化运动"中的观念文化变革阶段。这是中国知识分子在中华民族内忧外患的危机不断加深的背景下,被迫层层递进、深入转型的三个阶段。

(一)"中体西用"的器物文化变革阶段

中国传统文化的近代转型首先是从最浅层的器物文化变革开始的。

所谓器物,是指具体存在的事物。《易·系辞上》说:"形而上者谓之道,形而下者谓之器。"道是本质,器物是实存。"朴(道)散则为器"(《老子》)。较之于器物,中国传统文化显然更重视道。鸦片战争之前,中国人并没有意识到世界历史进程已经发生重大进展,没有意识到曾经长期处于文化领跑者地位的中国已经落后于西方,依旧盲目乐观地认为中国不论是道还是器都比西方优越、先进。不料,鸦片战争让中国人猛然发现,西方军事、地理、科技文化之先进,已非中国人所能想象。林则徐(1785—1850)、魏源(1794—1857)等有识之士率先意识到了中国传统文化"重政轻艺"的不足,迈出了近代中国人"开眼看世界"的第一步。

林则徐　　　　　　　　魏源　　　　　　　　冯桂芬

为了让中国人知道何为"世界",林则徐主持编译了《四洲志》,魏源编撰了《海国图志》,向国人系统介绍世界历史地理知识。林则徐和魏源等人这么做的目的其实很简单,就是知道而后超越西方。用魏源的话说:"是书何以作?曰:为以夷攻夷而作,为以夷款夷而作,为师夷长技以制夷而作。"[1]魏源同时提醒那些视西方现代科技为"奇技淫巧"的同时代人注意,"有用之物,即奇技而非淫巧",中国人只有也学习并掌握这些"奇技",才能战胜西方,即"善师四夷者,能制四夷"。魏源的观点表明中国人已经打破"外来文化皆粗鄙"的偏见,开始思考中国传统

扫一扫
看引文

————————

① 魏源:《海国图志原叙》,长沙:岳麓书社,1998 年,第 1 页。

文化的不足及转型问题。随后，林则徐的学生冯桂芬（1809—1874）向清政府提出"以中国之伦常名教为本，辅以诸国富强之术"的改革建议。此建议后来被张之洞（1837—1909）提炼成了"中学为体，西学为用"主张，成了"洋务运动"的指导纲领。

郑观应（1842—1922），近代启蒙思想家、实业家。1894年，郑观应编辑出版《盛世危言》文集，展现了他关于中国从传统走向现代的系统思考。

19世纪60年代至90年代，清政府中的洋务派和早期改良派在"中体西用"纲领的指导下，兴办洋务，创办机器制造局，鼓励西学翻译，创办西式学堂，选送留学生，办西学等等，大大拓宽了国人看西方、学西方的视野。不过，洋务运动并没有改变中国进一步沦为半殖民地半封建国家的厄运。这是为什么呢？清政府兴办洋务运动是假定"中体"（中国的纲常名教和封建统治）和"西用"（西方的先进科学技术）以"中体"为基础实现结合，并将"西用"吸收同化到"中体"中来。郑观应在《盛世危言·道器》中曾对此进行过详细阐释，认为以中国的"道"来合西方的"器"，就能富国强兵，最终"由强企霸，由霸图王，四海归仁，万物得所，于以拓车书大一统之宏规而无难矣！"而历史已经证明，经济基础决定上层建筑，以自然经济和封建统治为核心的"中体"不可能同化建立在工业革命基础上的资产阶级文化（"西用"）。中国传统文化的近代转型必须另寻他途。

（二）"即中即西"的制度文化变革阶段

中国传统文化近代转型的第二个阶段是戊戌变法前后的制度文化变革阶段。

1895年，甲午战争中国惨败，宣告了只"师夷长技"而不变"中体"的洋务运动破产。同样是向西方学习，为什么长期落后于中国的日本会战胜中国？当时的有识之士意识到问题的症结在向西方学习的方式方法，中国不仅要学习"西技"，更要学习"西政"，即像日本那样学习西方健全的政治制度和体制模式，只有这样才有可能改变中国落后挨打的现状。据此，以康有为（1858—1927）、梁启超（1873—1929）等为代表的维新派发起"公车上书"，要求清政府自上而下地进行资产阶级民主改革，推行君主立宪制，发展资本主义工商业,推进变法维新。

康有为　　　　　　　　　　　　梁启超

鉴于中国当时的历史状况,康有为深知公然推行西方资产阶级民主改革是不现实的。梁启超后来评论说:"盖当时之人,绝不承认欧美人除能制造、能测量、能驾驶、能操练之外,更有其他学问,而在译出西书中求之,亦确无它种学问可见。"①于是,康有为"托古改制",用儒学的酒瓶来装西学的新酒,力图让传统文化变成社会变革政治变革的理论资源。他提出,西方的经济、政治、文化等制度都符合儒家经义,而清末当时的制度反倒不符合,因此应当用合乎"圣人之道"的西方资产阶级学说来指导变法维新,改良清廷既有的政治、文化。为宣扬西方资产阶级政治学说,康有为等人创办了众多的报纸、学会以及新式学堂等,促进了中国资产阶级新文化的兴起。这种"儒表西里"的维新文化未能将西方资产阶级文化贯通到底,最终形成了一种"不中不西,即中即西"的风格。

1898年6月11日至9月21日,维新派推动光绪帝进行变法改革,不到百日即告失败。戊戌变法的失败证明维新文化并没有能为中国传统文化的近代转型提供真正的出路。但我们必须看到的是,较之"中体西用"观而言,维新派这种"即中即西"的文化主张已经超越浅层的器物文化,触及制度文化这个根本的"体"层面,在进一步瓦解封建政治统治的同时,极大地撼动了其赖以生存的封建礼教文化基础,为其后到来的思想、观念文化的解放撕开了一个大豁口。

---

① 梁启超:《清代学术概论》,北京:东方出版社,1996年,第88页。

（三）"新文化运动"后的观念文化变革阶段

《新青年》是陈独秀在上海创办的一份具有重要影响的革命杂志，原名《青年杂志》，第二卷起改称《新青年》。自 1915 年 9 月 15 日创刊号至 1926 年 7 月终刊共出 9 卷 54 号。《新青年》宣传倡导科学（"赛先生"，Science）、民主（"德先生"，Democracy）和新文学，是新文化运动的一面旗帜。

十月革命后，《新青年》逐渐发展成一份宣传马克思主义的刊物。

1911 年，辛亥革命爆发，以孙中山为首的资产阶级革命派推翻了中国长达两千年之久的封建君主专制统治，取得了制度革命的突破性胜利。然而，辛亥革命的成果不久后为袁世凯所篡，复辟帝制事件两度兴起。这让当时的先进知识分子意识到，没有"国民的自觉"作为前提的"立宪政治"是不可能成功的，仅有政治体制的变革远远不够，只有对国民的思想、观念进行彻底的文化改革，才有可能实现真正的民主共和。由此，新文化运动兴起，文化转型进入思想观念文化变革的关键阶段。

1915 年，陈独秀（1879—1942）、李大钊（1889—1927）等一批受过西方教育的知识分子，在上海创办《新青年》杂志，高扬"民主"与"科学"的旗帜，发起"批判旧文化"的新文化运动。陈独秀指出，只有"民主"与"科学"，才能救治中国政治、道德、学术、思想上一切的黑暗；要拥护民主，就不得不反对"孔教、礼法、贞节、旧伦理、旧政治"；要拥护科学，就不得不反对"国粹和旧文学"。[1] 鲁迅（1881—1936）更是直指封建纲常名教是"吃人的礼教"，只有"打倒孔家店"，才能解放国民的思想、唤醒国民的自觉。其他"新文化运动"的先驱者们纷纷在《新青年》上发表论说，全面抨击孔子和以儒家为代表的传统旧文化、旧道德，弘扬民主与科学的新文化、新道德，在文化领域掀起了激进的反传统主义思潮。由此，"新文化运动"将革命的战火由制度领域延展到文化领域，掀起了新旧文化、中西文化空前激烈的争论，并逐渐围绕"中国传统文化往何处去"的问题，形成了"全盘西化"和"文化保守主义"两大思潮。

---

① 陈独秀：《〈新青年〉罪案之答辩书》，《新青年》，第 6 卷第 1 号。

陈独秀　　　　　　　李大钊　　　　　　　鲁迅

1."全盘西化"

"全盘西化"派主张，中国传统文化已经不足以救治中国，中国必须全面吸收西方全部的，而非部分的文化，才能找到文化转型的出路。而所谓"全面"吸收，不仅仅是经济上走资本主义道路、技艺上学习西方科学技术，还包括政治上实行民主宪政、教育与文化上强调自由与现代化、价值观上提倡个人主义等。

"全盘西化派"的代表人物有胡适、陈序经等人。陈序经是最早，也是最坚定的"全盘西化"论者。在陈序经看来，中国文化有复古、折中、全盘西化三条出路，但是折中的办法办不到，复古的途径行不通，唯一的办法只能是全盘接受西化。因为西方文化是先进的文化，是世界文化发展的未来趋势，而中国文化是落后的、垂死挣扎的文化，两者相遇的结果必然是东方文化被西方文化所取代，因而复古是不可能的；同时，文化是一个整体，有什么样的物质文明就应有相对应的精神文明，它们是分开不得的，"我们觉得中国目前的急需，是要格外努力去采纳西洋的文化，诚心诚意地全盘接受她，因为她自己本身上是成一种系统，而她的趋势，是全部

陈序经（1903—1967），历史学家、社会学家、教育家。1934 年初，陈序经发表《中国文化之出路》，宣称"中国的问题，根本就是整个文化的问题"，而问题的出路就在于"中国文化彻底的西化"，从而引发一场全国范围的文化论战。

的,而非部分的"①。因此,折中是办不到的,全盘西化是势在必行的。胡适也是全盘西化思潮的重要代表人物,他在1929年也曾使用过"全盘西化"一词来表达他的文化观点,虽之后将其修正为"充分世界化"。胡适对于"全盘西化"思潮的扩散起到了重要的推动作用。

作为社会历史文化发展的产物,"全盘西化"思潮的历史进步性不容抹杀。一方面,"全盘西化"思潮激烈的反传统特征有力地驳斥了当时一度兴起的尊孔复古逆流思潮,起到了振聋发聩地反封建、反专制的作用;另一方面,"全盘西化"论者关于中西文化的比较研究深化了对西方先进文化的认识,进一步推进了学习、借鉴西方文化的可能,也反向刺激了传统文化近代转型的进程。与此同时,"全盘西化"论的历史局限性也不容忽视。一方面,"全盘西化"的主张忽略了文化本身所固有的民族性和传承性。传统是现代的根基,在中国这样一个有着两千多年深厚文化根基和民族特性的国家,意图完全抛开传统,抛开国情,去照搬照抄西方的文化,不可能行得通。另一方面,"全盘西化"见物不见人,忽视了文化交流交融过程中主体的选择作用。正如毛泽东所评价的那样,"一切外国的东西,如同我们对于食物一样,必须经过自己的口腔咀嚼和胃肠运动,送进唾液胃液肠液,把它分解为精华和糟粕两部分,然后排泄其糟粕,吸收其精华,才能对我们的身体有益,决不能生吞活剥地毫无批判地吸收"②。第一次世界大战后,西方资本主义文化遭遇危机,这从一个侧面佐证了"全盘西化"的不可行性。

2. "文化保守主义"

五四时期,除了主张以西方文化替代中国文化的"全盘西化"派之外,也有为保存和昌明中国传统文化而大声疾呼的文化保守主义派。文化保守主义论者主张,以中国传统文化为本位,取西方近代物质文明及民主与科学文化之所长,补中国传统文化之所短,调和中西,最终重建中华民族文化的主体地位。清末的国粹派、张之洞等人的"中体西用"论、康有为晚年的"孔教运动"等,都是文化保守主义的早期形态。至五四时期,伴随着中西文化双重危机的加深,文化

扫一扫
看 MooC

---

① 陈序经:《东西文化观》,载于《社会学刊》,1931年第2卷第3期,第15页。
② 《毛泽东选集》(第二卷),北京:人民出版社,1991年,第707页。

保守主义思潮一度高涨,形成了东方文化派和学衡派,前者的代表人物,有杜亚泉(1873—1933)、梁启超、梁漱溟等,后者的代表人物有梅光迪(1890—1945)、胡先骕(1894—1968)、吴宓(1894—1978)等。

　　创办于 1904 年的《东方杂志》经历并忠实记录了我国近现代发展的历史轨迹,被称为"中国近现代史的资料库"、"杂志界的重镇"、"杂志的杂志"。《东方杂志》最初主要汇编朝廷文告及报刊文章。1911—1920 年,杜亚泉出任《东方杂志》主编,进行大刀阔斧的改革,使《东方杂志》成为当时中国销量最大、最有影响的综合性杂志。
　　新文化运动期间,杜亚泉与陈独秀就如何看待中国传统文化和当时传入的西方文化以及如何处理两者的关系等问题发生争论,认为要振兴中华,必须吸取西方文明,但反对一切照搬、全盘否定中国传统文化,东西方文化应该取长补短,融合调和。当时的《东方杂志》团结了一批持相似观点的学者,史称"东方文化派"。

　　文化保守主义派有两个基本主张。一是主张要正视中国文化的价值。梁启超曾质问:"那沉醉西风的,把中国什么东西,都说得一钱不值,好像我们几千年来,就像土蛮部落,一无所有,岂不更可笑吗?"①文化保守主义不仅反对"全盘西化派"以西方文化为中心、照搬西方文化的主张,更反对其抹杀中国文化一切价值的论点。二是主张以中国文化为主体,调和中西方文化。杜亚泉认为,"正统整吾固有之文明,其本有系统者则明了之,其间有错出者则修整之。一方面尽力输入西洋学说,使其融合于吾固有文明之中。西洋之断片的文明,如满地散钱,以吾固有文明为绳索,一以贯之"②。梁启超也说:"拿西洋的文明,来扩

---

① 梁启超:《欧游心影录》,北京:商务印书馆,2014 年,第 51 页。
② 杜亚泉著,许纪霖等编:《杜亚泉文存》,《迷乱现代人心》,上海:上海教育出版社,2003 年,第 367 页。

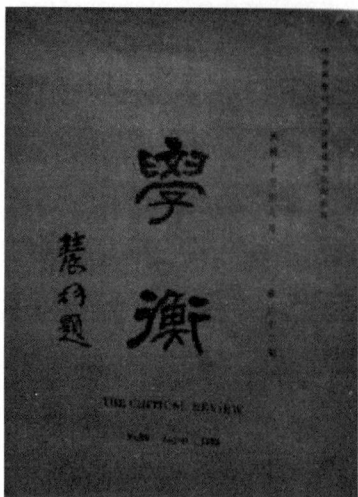

学衡派因《学衡》杂志而得名。《学衡》创办于 1922 年 1 月，是由当时的东南大学（南京大学前身）一些教授办的学术刊物。主编是英语系教授吴宓，核心人物包括英文系主任梅光迪、生物系主任胡先骕等。《学衡杂志简章》申明："本杂志于国学则立以切实之工夫，为精确之研究，然后整理而条析之，明其源流，着其旨要，以见吾国文化，有可与日月争光之价值。"

充我的文明，又拿我的文明去补助西洋的文明，叫他化合起来成一种新文明。"[①]综上可见，文化保守主义的中国文化观并非"原教旨主义"的，对于西方文化和中国传统文化，都既有所取，亦有所不取。五四时期文化保守主义阵营中的大多数论者实际上都有游学国外的经历，对西方文化持开放态度，他们真正反对的不是"西化"而是"全盘西化"。

历史地看，"文化保守主义"对于发扬中国文化固有价值、提升中华文化之自信有着重要的意义。近代以来，中国传统文化虽一度显出落后于西方近代文化之势，但传统文化本身依然是有其独特的价值与内在活力的。如学衡派的吴宓、梅光迪等人主张的那样，历史文化包含"变"与"常"两种属性，"变"主发展修正，"常"主沉淀发扬。中国传统文化之"常"，如儒家内在的文化精神等，是可以超越历史而长存的，是具有世界意义的，因而应当维护和弘扬。同样，文化保守主义也有其缺陷和不足。

如，其主张中确实有一些"守旧"的倾向；对中西文化之间的时代差距缺乏清醒认识；虽主张中西文化汇通，但却并没有给出一个调和中西文化的真正可施行的方案，没有为中国传统文化的现代化提出切实可行之出路，等等。

在"全盘西化"派和"文化保守"派论辩难解时，随着马克思主义传播的深入，陈独秀、李大钊、毛泽东等一批马克思主义者逐渐从文化论争中分化出来。他们跳出了既有的"非中即西"、"即中即西"的文化转型思路，开辟了一种新的无产阶级文化建设视角，提出了"民族的科学的大众的"文化建设思路，为中国文化的现代转型指明了方向。

---

① 　梁启超：《欧游心影录》，北京：商务印书馆，2014 年，第 49 页。

第五节
中国传统文化的主要特点

中国传统文化的发展历程和黄河之水的变化颇为相似：有多个起源，最终汇聚为一条大河；上游多高山峡谷，水流湍急，水质清澈；中游包容并蓄，水势浩大强劲，但水质也趋于浑浊；下游来到平原地带，水流平缓，活力也趋于衰竭。同样，就像黄河最终奔腾到海完成生命轮回一样，中国传统文化也最终历经磨难，迎来自己辉煌的当代复兴。在中华民族正迎来伟大复兴的今天，我们重新审视中国传统文化，就能在比较的视野中更清楚地发现它所拥有的一些主要特点。

（一）儒家思想长期占据主导地位

中国传统文化有多个源头，儒家思想是其中之一。在历史发展中，儒家思想因切合中国古代封建大一统的需要，被国家权力接受，遂"罢黜百家，独尊儒术"，成为官方正统思想，进而在封建社会长期占据主导地位。当代新儒家的代表人物余英时认为："儒家思想在传统中国社会的影响是无所不在的，从个人道德、家族伦理、人际关系到国家的典章制度以及国际间的交往,都在不同的程度上受到儒家原则的支配。"①英国汉学家葛瑞汉也认为,"儒学是中国古代思想各种对抗思潮中最早的一支,也是在公元前100年左右成为最后的永久胜利者的一支"②。习近平总书记在谈及中国传统文化时,也往往把儒学作为代表、以儒家思想为例,足见儒家思想在中国传统文化和中华民族精神形成发展中具有重要的、不可替代的核心作用。

儒家思想占据中国传统文化的主导地位,但绝不是中国传统文化的全部。一方面,在中国传统文化发展的历程中,儒家思想始终与其他思想并存,其主导地位有时也受到其他思想的挑战。魏晋隋唐之际,随着玄学和佛学的兴盛,儒家思想的正统地位受到来自道家和佛教的严重冲击,这也正是宋明理学得以兴起的重要原因之一。另一方面,儒家思想始终能够有效保持自己的应变能力,通过与其他思想的交流交融,在发展中维持自己的主导地位。自宋以来,经由理学家之手,儒家思想业已融入佛、道的某些理论,内容更加丰富,而佛、道最终也承认儒家以"三纲"为核心的伦理纲常。明清之际,理学集大成者朱熹的《四书章句集注》被确定为科举取士的"教科书"。这表明儒家思想已经成功地解决危机,再次巩固了自己在社会生活中的主导地位。

《四书章句集注》是朱熹(1130—1200)的代表作之一。《大学》、《中庸》原本是《礼记》中的两章。唐代韩愈等人推崇《大学》、《中庸》,认为它们是可以和《论语》、《孟子》并论的经典。朱熹继承了这种观点,并通过其影响巨大的《四书章句集注》固定了"四书"的经典地位。

儒家思想成为中国传统文化的主流,是历史选择的结果。从根本上讲,这是因为儒家思想反映了中国封建社会现实的社会关系,适应了中国封建社会稳定发展的需要。

(二) 重视伦理道德在社会生活中的作用

如前所述,中国传统文化是一种"德性优先"的文化。其之所以呈现出"崇德"的特征,很大程度上源于中国传统文化最重要的社会根基是以血缘关系为纽带的宗法制度。现代

---

① 余英时:《余英时文集》(第二卷),《中国思想传统及其现代变迁》,桂林:广西师范大学出版社,2014年,第160页。
② (英)葛瑞汉:《论道者:中国古代哲学论辩》,张海晏译,北京:中国社会科学出版社,2003年,第40页。

爱国实业家卢作孚指出："家庭生活是中国人第一重的社会生活,亲戚邻里朋友等关系是中国人第二重的社会生活。这两重社会生活,集中了中国人的要求,范围了中国人的活动,规定了其社会的道德条件和政治上的法律制度。"①中国古代的家族是人们生活和交往的最核心元素,以家族为圆心,由此向外发散,影响整个社会生活,包括政治生活,因此家族也是历代统治者建立统治秩序的重要基础。孟子曰:"天下之本在国,国之本在家。"(《孟子·离娄上》)这高度概括了中国古代社会的实质。从家族到宗族,再到社会,进而构成国家。这种家国同构、家国一体的观念渗透于中国古代政治和社会生活的方方面面。

卢作孚(1893—1952),现代著名爱国实业家、教育家、社会活动家、农村社会工作先驱。毛泽东认为他是近代民族工业发展过程中不能忘记的四位人士之一。

中国传统文化对伦理道德的高度重视从两个方面得到有力体现。一是自周公始,重视伦理道德就成为中国传统文化发展史上的主流观念,历代诸多思想家都力图让伦理道德在政治生活中发挥最大作用。孔子说:"为政以德,譬如北辰,居其所而众星共之。"(《论语·为政》)孟子倡导"以不忍人之心,行不忍人之政"(《孟子·公孙丑上》)的王道仁政等,都体现了"德治"在政治生活中的作用。这种"德治"的主张,经过后世的不断强化,已深入到社会的各个方面,也影响着今天的社会生活。二是历代思想家出于对个人修身和社会道德教化的高度重视,提出了一系列关于修身、齐家、治国、平天下的系统的理论和切实可行的方法。汉代以降,中国出现了许多家规家训,代表性的有南北朝时期的《颜氏家训》、明末清初的《朱子家训》等。这些篇幅短小的作品记录了传统时代的士族大家关于修身齐家的良策良方,在教育后代方面发挥了很好的道德规范和制约作用,其中很多观念直到今天仍具有积极的意义。

《颜氏家训》的作者是南北朝时文学家、教育学家颜之推(531—591?)。该家训是颜之推记述个人经历、思想、学识以告诫子孙的著作,被认为是中国历史上第一部内容丰富体系宏大的家训。

①　卢作孚:《中国的建设问题与人的训练》,上海:生活书店,1934 年,第 4—5 页。

《朱子家训》,亦称《朱柏庐治家格言》。作者朱用纯(1627—1698),明朝的理学家、教育家。《朱子家训》文字通俗易懂,内容简明赅备,对仗工整,朗朗上口,300多年来在中国社会广为流传。

(三)重视个体道德修养,追求理想人格

崇德必然要修德,因此中国传统文化十分重视个体道德修养和道德理想人格塑造。儒家思想尤其注重个体的道德修养。柳诒徵说:"孔子所学,首重者曰成己,曰成人,曰克己,曰修身,曰尽己。"①

首先,中国传统文化肯定个人是具有能动性的道德主体。《大学》是朱熹所定义的"四书"之首,南宋以降成为知识分子的必读经典之一。关于道德修养,《大学》表达了三层意思:一是每一个主体都需要进行道德修养,"自天子以至于庶人,壹是皆以修身为本";二是道德修养意义重大,是成为内圣外王的起点,"古之欲明明德于天下者,先治其国;欲治其国者,先齐其家;欲齐其家者,先修其身";三是道德修养必须发挥主体的主观能动性,"欲修其身者,先正其心;欲正其心者,先诚其意;欲诚其意者,先致其知,致知在格物","物格而后知至,知至而后意诚,意诚而后心正,心正而后身修,身修而后家齐,家齐而后国治,国治而后天下平"。上述观点可以浓缩为孔子的一句话,即"我欲仁,斯仁至矣"(《论语·述而》)。

其次,中国传统文化注重道德实践,提倡"身体力行"。道德最重要的本质就在于它是一种用实践精神来改造世界和把握世界的特殊方式。一种道德能否有效地改造和把握世界,除了看它的原则、规范是否符合社会发展需求,还在于它能否使这种道德成为人们实际奉行的原则。中国古代思想家坚信,只有知善而行善,外在的道德规范才能内化为主体自身的品德,善才能成为主体所具有的善。孟子的一个学生(公孙丑)问他有什么特长,孟子说:"我知言,我善养吾浩然之气。"(《孟子·公孙丑上》)孟子认为这"浩然之气"就是"配义与道",这"配义与道"就是日积月累的道德实践。

最后,中国传统文化对理想人格的追求是一种无止境的过程。内圣外王是中国传统文化的理想人格追求。孔子用一种非常文学化的方式表达了他对自己心中的道德典范尧

---

① 柳诒徵:《中国文化史》(上),上海:上海古籍出版社,2001年,第266页。

帝的赞美:"大哉尧之为君也! 巍巍乎! 唯天为大,唯尧则之。荡荡乎! 民无能名焉。巍巍乎! 其有成功也! 焕乎,其有文章!"(《论语·泰伯》)为什么会如此文学化呢? 朱熹的解释是,这是一种无法用语言表述的理想境界:"其德之广远,亦如天之不可以言语形容也。"[1]

(四) 重视整体利益,强调整体至上

前资本主义的传统社会都强调整体高于个人、个人服从整体。马克思对此的解释是:"交换手段拥有的社会力量越小,交换手段同直接的劳动产品的性质之间以及同交换者的直接需要之间的联系越是密切,把个人互相联结起来的共同体的力量就必定越大。"[2]不过,与其他民族国家相比,中国传统文化显然更加重视整体利益,强调个人应当服从并服务于整体(民族、国家、社会)。孟子对此有一段著名的辨析:"鱼,我所欲也;熊掌,亦我所欲也。二者不可得兼,舍鱼而取熊掌者也。生,亦我所欲也;义,亦我所欲也。二者不可得兼,舍生而取义者也。"(《孟子·告子上》)在此影响下,中国形成了以民族国家利益为重、顾全大局、克己奉公、乐于奉献的优良道德传统。"先天下之忧而忧,后天下之乐而乐"(范仲淹),"天下兴亡,匹夫有责"(顾炎武)等广为流传的名言,就是这一优良道德传统的生动体现。正是在这一优良道德传统的熏陶下,涌现出了一批又一批像文天祥(1236—1283)这样利济天下苍生、为国家民族无私奉献的仁人志士,使中华民

文天祥,江西吉州庐陵(今江西省吉安市青原区富田镇)人,南宋末年政治家、诗人。文天祥20岁状元及第,官至右丞相,后领军抵抗元军,兵败被俘,宁死不降,最终从容就义。在1279年的《过零丁洋》中,他写诗"人生自古谁无死,留取丹心照汗青"以明志。文天祥就义后,人们在其衣带中发现一份绝笔《自赞》,上面写道:"孔曰成仁,孟曰取义,惟其义尽,所以仁至。读圣贤书,所学何事? 而今而后,庶几无愧。"

---

① 朱熹:《四书章句集注》,北京:中华书局,1983年,第107页。
② 《马克思恩格斯全集》(第30卷),北京:人民出版社,1995年,第107页。

族虽然历经内忧外患,但始终百折不挠,巍然屹立于世界。

(五) 重视和谐与统一

中国传统文化重视和谐与统一。不过,这种和谐与统一并不是西方人所追求的那种无差别的齐一化,而是多样性的有序并存。《国语·郑语》中说:"夫和实生物,同则不继。以他平他谓之和,故能丰长而物归之,若以同裨同,尽乃弃矣。故先王以土与金、木、水、火杂,以成百物。"正因为如此,孔子强调"君子和而不同,小人同而不和"(《论语·子路》)。

中国传统文化的理想境界就是达到人与自然、人与自我、人与他人等三个层面关系的和谐与统一。首先是人与自然的和谐。人与自然的关系在中国古代就是天人关系。老子提出"人道"应效法"天道",主张"人法地,地法天,天法道,道法自然",庄子继承了老子道法自然的观点,提出人只要顺应自然的和谐,与道为一,就能逍遥自在。孔子在《论语》中也多次提到"天"、"天命",对"天"和"天命"充满了敬畏之心。但与道家的"无为"主张所不同的是,他更重人事,认为"人能弘道,非道弘人"。其次是人与自我的身心关系的和谐。这种和谐观主要体现在自我身心修养的理论与实践方面,都力求使自身身心内外合一。无论是基于性善论还是性恶论,殊途同归的是要使人确立向善的道德方向与实践。无论是孟子提出的"养心莫善于寡欲"和"养浩然之气"之方,还是荀子提出的"化性起伪"、"虚壹而静",抑或是宋明理学家讨论的天理和人欲的关系,都是强调对自我身心修养的提升与完善。最后是人与他人的群己关系的和谐。《论语》中多次提到了"以和为贵",如"礼之用,和为贵,先王之道,斯为美,小大由之"(《论语·学而》)。所谓"以和为贵",就是力求通过群己关系的和谐达到社会整体的和谐。

第六节
中国共产党人论中国传统文化

有一首歌曲这样唱道：

没有共产党就没有新中国，
······
共产党他一心救中国，
他指给了人民解放的道路，
他领导中国走向光明。
······

应当讲，中国共产党既给中国人民指出了解放的道路，又给中国传统文化的复兴指出了道路。在这个意义上，我们可以说，中国共产党既是中国传统文化的继承者，更是中国传统文化的创新者。

从历史发展的线索来看，中国共产党的传统文化观经历了一个不断发展与前进的过程，我们可以将其大致分为如下三个阶段：一是奠基阶段，在这个阶段，以毛泽东为代表的中国共产党人以马克思主义为指导,辩证看待中国传统文化的精华与糟粕,奠定了"取其精华,去其糟粕"的传统文化观;二是深化阶段,在这个阶段,以邓小平为代表的中国共产党人继承了第一阶段的相关思想,深化了马克思主义与中国优秀传统文化相结合的新探索,并立足于此提出了一系列具有反思性与超越性的思想与文化建设新主张;三是升华阶段,党的十八大以来,以习近平同志为核心的党中央,在总结前人经验的基础上,开启了"创造性转化与创新性发展"的新阶段,并将中华优秀传统文化作为推动治国理政与建构文化自信的重要资源加以继承与弘扬。

(一)中国共产党人传统文化观的奠基阶段

1921 年,中国共产党成立。中国共产党人作为"新文化运动"中的先进分子,在中国人民探索救亡图存道路的运动中脱颖而出。此时,中国共产党人关于传统文化的态度,无疑受到了"德先生"与"赛先生"的深刻影响。作为与德赛二位先生对立的中国传统文化,在早期中国共产党人的视域中无疑处于饱受批评的状态。陈独秀曾经这样说:"要拥护那德先生,便不得不反对孔教、礼法、贞节、旧伦理、旧政治;要拥护那赛先生,便不得不反对旧艺术、旧宗教。要拥护德先生又要拥护赛先生,便不得不反对国粹和旧文学。"[1]随着中国革命实践的不断发展与中国共产党人主观认识的不断提升,以毛泽东为代表的中国共产党人在探索马克思主义基本原理与中国具体实际相结合的过程中,逐渐认识到中国传统文化资源在推动马克思主义中国化历史进程中的重要作用,开始辩证地对待中国传统文化,最终跳出了早期共产党人全盘否定、彻底批判的认知模式,确立了"取其精华,去其糟粕"的科学态度,奠定了中国共产党人关于中国传统文化认知与践行的科学理论基础。

在当时中国共产党的领导集体中,为什么唯有毛泽东能够建立科学的传统文化观呢?对这一问题的回答,不妨从毛泽东 1936 年接受美国记者埃德加·斯诺采访时所说的一段话开始——"我 8 岁那年开始在本地一个小学堂读书,一直读到 13 岁。早晚我到地里干活。白天我读孔夫子的《论语》和《四书》"。应当说,毛泽东在青少年时代接受过比较完整的传统文化教育,对传统文化形成了较为深刻的认识与了解,这使得他在新思想、新潮流的冲击下保持了对中国传统文化的冷静思考。在接受马克思主义理论成为马克思主义者

---

① 陈独秀:《本志罪案之答辩书》,《新青年》,1919 年第 6 卷第 1 期,第 10 页。

之后,毛泽东并没有抛弃传统文化。相反,他在马克思主义理论的指导下形成了较为科学的传统文化观,实现了作为西方发达资本主义社会批判思潮的马克思主义理论与东方异域文明形态的中国传统文化的有机结合。中共中央党史研究室原副主任石仲泉评价道:"纵观中国共产党发展的数十年历史,在党的领导层中,将马克思主义理论与中国优秀传统文化结合得最好,成就最为突出者,还非毛泽东莫属。"①

毛泽东创立的科学的传统文化观包括以下三个要点。

1. 科学把握传统文化的完整成分

中国传统文化是在中华民族长期历史发展过程中所逐步形成与积累起来的文化形态。因此,必须首先承认,我们的民族有"许多珍贵品"。② 毛泽东曾明确指出,"学习我们的历史遗产,用马克思主义的方法给以批判的总结,是我们学习的另一任务。我们这个民族有数千年的历史,有它的特点,有它的许多珍贵品。对于这些,我们还是小学生。今天的中国是历史的中国的一

扫一扫
看引文

个发展;我们是马克思主义的历史主义者,我们不应当割断历史。从孔夫子到孙中山,我们应当给以总结,承继这一份珍贵遗产。这对于指导当前的伟大的运动,是有重要的帮助的。"③然而,中国传统文化并非铁板一块,其内涵极其丰富又异常庞杂,既有精华也有糟粕,有益的精华必须要继承吸收,有害的糟粕则必须抛弃。

2. 坚持批判与改造的有机结合

继承传统文化中的精华部分,并非意味着在当前历史条件下进行全盘复现或照搬照抄,而必须要坚持以批判的姿态进行当代的创造性转换。在毛泽东推动马克思主义中国化的历史进程中,中国传统文化确实发挥了重要影响。有西方毛泽东研究专家甚至认为,毛泽东的马克思主义中国化就是用传统文化改造马克思主义理论的结果:"这种马克思主义形式的中国化,虽然在毛泽东看来是必不可少的,却只是一项更为重要的事业的外在表现,这种事业的目标是改变马克思主义的实质,以便使之适合中国的环境"。④ 这种观点

① 石仲泉:《中国共产党与传统文化》,《毛泽东研究》,2015年第2期,第5页。
② 《毛泽东选集》(第2卷),北京:人民出版社,1991年,第534页。
③ 《毛泽东选集》(第2卷),北京:人民出版社,1991年,第533—534页。
④ (美)斯图尔特·R.施拉姆:《毛泽东的思想》,田松年、杨德等译,北京:中国人民大学出版社,2005年,第73页。

从根本上扭曲了毛泽东对于中国传统文化的基本态度,即毛泽东是在马克思主义理论指导下对传统文化进行批判性改造。因为毛泽东用马克思主义"化"中国传统文化的目的,不是对旧传统的复归,而是要创造中华民族的新文化。这种新文化就是毛泽东在《新民主主义论》中所提出的民族的、科学的、大众的文化。所谓民族的,即是反对帝国主义压迫,坚持中华民族尊严和独立的,带有民族特性的革命的民族文化。所谓科学的,即是反对一切封建思想和迷信思想,坚持实事求是,坚持客观真理,坚持理论和实践相统一的文化。所谓大众的,即是民主的,为广大工农群众服务的,并逐渐为他们所掌握的文化。

3. 坚持理论服务实践、古为今用的原则

毛泽东学习与研究中国传统文化,并不是对传统文化中的某个概念或理论感兴趣,而是直接服务于中国革命的建设与实践。可以说,中国传统文化在毛泽东那里并不是一种僵死的、抽象的理论存在,也不是像国外汉学家列文森所描绘的那样是"博物馆学",而是能够影响现实实践顺利开展的重要因素。中共中央文献研究室副主任陈晋曾将毛泽东的文化观定义为现实主义的反映论文化观,即服务于现实实践、反映现实实践的文化观。[1]这其中无疑包含着毛泽东对传统文化的基本态度,即理论与实践相结合、古为今用的基本方针。1956年,毛泽东在同音乐工作者的谈话中,明确提出"向古人学习是为了现在的活人,向外国人学习是为了今天的中国人"[2]。

(二)中国共产党人传统文化观的深化阶段

改革开放以后,以邓小平、江泽民和胡锦涛为代表的中国共产党人,直面改革开放和社会主义现代化建设的新要求,不断展开对马克思主义与中华优秀传统文化相结合的反思性与超越性的新探索,提出了一系列新主张。

邓小平是20世纪继孙中山、毛泽东之后的又一位改变了中国历史进程的伟人。美国《时代》杂志曾评价:"邓小平改变了世界,功绩史无前例。"这种改变与功绩,不仅仅在于他是中国改革开放和现代化建设的"总设计师",还在于他对中国特色社会主义文化建设的巨大贡献。作为影响中国历史进程和世界文化格局的历史巨人,邓小平也深受中国传统

① 陈晋:《毛泽东的文化性格》,北京:东方出版社,2014年,第142页。
② 《毛泽东文集》(第7卷),北京:人民出版社,1997年,第82页。

文化的影响。邓小平理论的丰富内容及科学体系,直接凸显了他对中国传统文化的继承和发展。真理标准问题的大讨论和中国共产党第十一届三中全会的召开,拉开了中国改革开放的序幕。邓小平在马克思主义理论的指导下,立足基本国情,坚定不移地沿着建设有中国特色社会主义文化的正确轨道奋进,同时也有力推动了以经济建设为中心的社会主义文化事业的蓬勃发展。邓小平多次强调:建设有中国特色的社会主义新文化,必须继承和发扬中华民族优秀的文化传统,同时也要借鉴和吸收全人类所创造的一切优秀文化成果。

　　邓小平不仅从理论层面重视中国传统文化的价值作用,而且从实践层面以实事求是的科学态度来处理中国传统文化和当代中国文化的关系。"首先,要划清社会主义同封建主义的界限,决不允许借反封建主义之名来反社会主义,也决不允许用'四人帮'所宣扬的那套假社会主义来搞封建主义。其次,也要划清文化遗产中民主性精华同封建性糟粕的界限。"①我们必须以马克思主义为指导,对中国传统文化坚持"取其精华,去其糟粕,古为今用,洋为中用,推陈出新,继往开来"②的基本原则,从而更好地做好中国传统文化的继承和发展工作。匈牙利学者巴拉奇·代内什认为邓小平著名的"猫论"及其务实的风格有着巴蜀文化的烙印。他说:"这句俗语也许恰恰出自四川,在那里,啮齿动物总是损害庄稼,因此那里的人们常说'不管黑猫、白猫,抓住耗子就是好猫'。"③从中可以看出,邓小平著名的"猫论"及其踏实的领袖风范正是巴蜀文化在当代中国的一个"缩影"。

　　总的说来,邓小平对中国传统文化的基本立场已经从继承与发展,逐渐走向反思与超越。也正是在这种不断地反思与超越中,中国传统文化中的封建糟粕在一步步地被剔除,其内蕴价值在一步步地被挖掘,中国传统文化的活力也进一步得到了激发,更好地向着现代化转变。

　　继邓小平之后,以江泽民、胡锦涛等为代表的中国共产党人也十分重视传统文化,并立足时代的要求,将中华优秀传统文化提到了"建设中国特色社会主义先进文化"的高度来继承与弘扬。江泽民指出,我们党"代表着中国先进文化的前进方向",我们党必须努力

---

①　《邓小平文选》(第 2 卷),北京:人民出版社,1994 年,第 335 页。

②　中共中央宣传部编:《邓小平同志建设有中国特色社会主义理论学习纲要》第 51 条,北京:学习出版社,1995 年。

③　(匈)巴拉奇·代内什:《邓小平》,阙思静、季叶译,北京:解放军出版社,1988 年,第 153 页。

发展"面向现代化、面向世界、面向未来的,民族的科学的大众的社会主义文化",而中华优秀传统文化是社会主义文化建设中的重要组成部分,其所蕴含的以人为本、和谐统一、自强不息等特征,构成了中国传统文化与中国特色社会主义相结合的联结点,是我们今天鉴往开来,进行文化建设的要点所在。据此,他明确指出,"我们的社会主义现代化建设,需要继承和发扬中华民族优秀文化传统。"[1]"我们的文化建设不能割断历史。对民族传统文化要取其精华、去其糟粕,并结合时代的特点加以发展,推陈出新,使它不断发扬光大。"[2]

以胡锦涛为代表的中国共产党人对继承和弘扬中华优秀传统文化也做出了巨大的努力。这一时期中国共产党人所提出的"和谐社会"、"科学发展观"、"社会主义核心价值观"等重要理念都蕴含着深厚的中华优秀传统文化底蕴。"重视和谐与统一"是中国传统文化的主要特点之一。党的十六届六中全会通过的《中共中央关于构建社会主义和谐社会若干重大问题的决定》,其核心理念就是"和谐"。构建社会主义和谐社会,必须遵循以人为本、科学发展等重要原则,这些原则亦是受到中国传统文化中的"以民为本、人与自然和谐、人与社会和谐"等理念的直接启发。再有"社会主义核心价值体系"、"社会主义荣辱观"等思想道德建设理念,也是与传统文化中的"精忠报国、敬业乐群、诚实守信"等核心理念不可切割的。以胡锦涛为代表的中国共产党人将"建设和谐社会"、树立"以人为本"的科学发展观等重要理念提升到了党和国家发展战略的高度,由此也可以看出,我党继承与弘扬中华优秀传统文化,并将中华优秀传统文化应用于治党治国及推进社会主义文化建设的探索与努力,正在逐步加深与凸显。

(三)中国共产党人传统文化观的升华阶段

十八大以后,以习近平同志为核心的党中央更是将对中华优秀传统文化的重视提升到了空前的高度,将中国传统文化的继承与弘扬推进到了一个"创造性转化与创新性发展"的新阶段。

习近平继承了中国共产党的理论传统,高度评价了传统文化的历史作用和当代价值。

扫一扫
看 MooC

---

① 《江泽民论有中国特色社会主义(专题摘编)》,北京:中央文献出版社,2002年,第205页。
② 《江泽民论有中国特色社会主义(专题摘编)》,北京:中央文献出版社,2002年,第385页。

他强调:"中华文化积淀着中华民族最深沉的精神追求,是中华民族生生不息、发展壮大的丰厚滋养。"①在 2013 年对山东曲阜的考察中,他指出:"一个国家、一个民族的强盛,总是以文化兴盛为支撑的,中华民族伟大复兴需要以中华文化发展繁荣为条件。"②在纪念孔子诞辰 2565 周年国际学术研讨会上,他又进一步指出:"儒家思想同中华民族形成和发展过程中所产生的其他思想文化一道,记载了中华民族自古以来在建设家园的奋斗中开展的精神活动、进行的理性思维、创造的文化成果,反映了中华民族的精神追求,是中华民族生生不息、发展壮大的重要滋养。"③习近平总书记深知中华优秀传统文化在实现中华民族伟大复兴中国梦中具有无与伦比的重要作用,要实现"两个一百年"的奋斗目标,我们不仅要坚定道路自信、理论自信和制度自信,更要始终不渝地坚持文化自信,实现中华优秀传统文化的价值最大化。

　　就习近平总书记提出的治国理政的新理念新思想新战略而言,中华优秀传统文化在当代中国的出场具有不可替代的理论价值和现实意义。具体表现在:有利于培育和弘扬社会主义核心价值观;有利于推进国家治理体系和治理能力现代化;有利于提升国家文化软实力;有利于更好地坚持和发展中国特色社会主义。首先,在社会主义核心价值观的培育和践行层面,习近平总书记在前不久刚召开的中国共产党第十九次全国代表大会上强调指出:要"深入挖掘中华优秀传统文化蕴含的思想观念、人文精神、道德规范,结合时代要求继承创新,让中华文化展现出永久魅力和时代风采"④。其次,涉及我国的国家治理现代化与中国传统文化的关系时,习近平总书记指出:"一个国家选择什么样的治理体系,是由这个国家的历史传承、文化传统、经济社会发展水平决定的,是由这个国家的人民决定的。我国今天的国家治理体系,是在我国历史传承、文化传统、经济社会发展的基础上

①　《学习习近平总书记 8·19 重要讲话》,北京:人民出版社,2013 年,第 4 页。
②　《习近平在山东考察时强调:认真贯彻党的十八届三中全会精神,汇聚起全面深化改革的强大正能量》,《人民日报》,2013 年 11 月 29 日,第 1 版。
③　《习近平在纪念孔子诞辰 2565 周年国际学术研讨会暨国际儒学联合会第五届会员大会开幕会上的讲话》,《人民日报》,2014 年 9 月 25 日,第 2 版。
④　《决胜全面建成小康社会,夺取新时代中国特色社会主义伟大胜利——在中国共产党第十九次全国代表大会上的报告》,《人民日报》,2017 年 10 月 28 日,第 1 版。

长期发展、渐进改进、内生性演化的结果。"①再次,在谈到中国传统文化与提升国家文化软实力、发展中国特色社会主义的关系时,习近平总书记指出:"中国特色社会主义文化,源自中华民族五千多年文明历史所孕育的中华优秀传统文化。"我们要"坚守中华文化立场","坚持创造性转化、创新性发展","不断铸就中华文化新辉煌",要"讲好中国故事,展现真实、立体、全面的中国,提高国家文化软实力"②。鉴于此,充分继承和弘扬中华优秀传统文化,对于新形势下引导人们树立科学的传统文化价值观具有重要的现实意义和借鉴意义,对于全面建成小康社会和实现中华民族伟大复兴的中国梦也具有重要的推动作用。

从认识论的角度来看,习近平总书记深刻把握了中华优秀传统文化的当代价值;从实践论的角度来看,他更是为"如何实现传统文化的当代价值"明确了大方向与大路径。习近平总书记指出:"不忘本来才能开辟未来,善于继承才能更好创新。对历史文化特别是先人传承下来的价值理念和道德规范,要坚持古为今用、推陈出新,有鉴别地加以对待,有扬弃地予以继承,努力用中华民族创造的一切精神财富来以文化人、以文育人。"③中国传统文化历史悠久、源远流长,我们必须本着唯物辩证法的基本原则,用批判的眼光继承和发展好中国传统文化的精髓。同时,我们也要与时俱进地顺应时代的变化发展,实现中国传统文化的"创造性转化与创新性发展"。对此,习近平总书记进一步明确指出:"要坚持古为今用、以古鉴今,坚持有鉴别的对待、有扬弃的继承,而不能搞厚古薄今、以古非今,努力实现传统文化的创造性转化、创新性发展,使之与现实文化相融相通。"可见,继承和发展中国传统文化的关键问题,就是要实现好传统文化与当代中国的有机结合,从而"使中华民族最基本的文化基因与当代文化相适应、与现代社会相协调,以人们喜闻乐见、具有广泛参与性的方式推广开来,把跨越时空、超越国度、富有永恒魅力、具有当代价值的文化

---

① 《习近平在省部级主要领导干部学习贯彻十八届三中全会精神全面深化改革专题研讨班开班式上发表重要讲话强调:完善和发展中国特色社会主义制度,推进国家治理体系和治理能力现代化》,《人民日报》,2014年2月18日,第1版。

② 《决胜全面建成小康社会,夺取新时代中国特色社会主义伟大胜利——在中国共产党第十九次全国代表大会上的报告》,《人民日报》,2017年10月28日,第1版。

③ 《习近平在中共中央政治局第十三次集体学习时强调:把培育和弘扬社会主义核心价值观作为凝魂聚气强基固本的基础工程》,《人民日报》,2014年2月26日,第1版。

精神弘扬起来"①。

如果说,毛泽东奠定了中国共产党人对传统文化"取其精华,去其糟粕"的认识论基础;邓小平、江泽民、胡锦涛"中国特色"、"三个代表"、"科学发展观"、"社会主义核心价值观"等重要理念的提出体现了中国共产党人对传统文化"与时俱进"的实践性探索;那么,习近平总书记提出的这一"创造性转化与创新性发展"的论断,则为中国共产党人继承与弘扬中华优秀传统文化提供了根本性的方法论指导。这也标示着中国共产党人对传统文化的认识已经达到了一个空前未有的新高度、新境界。

---

① 《习近平在中共中央政治局第十二次集体学习时强调:建设社会主义文化强国,着力提高国家文化软实力》,《人民日报》,2014 年 1 月 1 日,第 1 版。

附　录

习近平论传统文化(摘编)

新一届中央政治局常委同中外记者见面时的讲话
(2012 年 11 月 15 日)

我们的民族是伟大的民族。在五千多年的文明发展历程中,中华民族为人类的文明进步作出了不可磨灭的贡献。

在中央党校建校 80 周年庆祝大会暨 2013 年春季学期开学典礼上的讲话
(2013 年 3 月 1 日)

中国传统文化博大精深,学习和掌握其中的各种思想精华,对树立正确的世界观、人

生观、价值观很有益处。古人所说的"先天下之忧而忧,后天下之乐而乐"的政治抱负,"位
卑未敢忘忧国"、"苟利国家生死以,岂因祸福避趋之"的报国情怀,"富贵不能淫,贫贱不能
移,威武不能屈"的浩然正气,"人生自古谁无死,留取丹心照汗青"、"鞠躬尽瘁,死而后已"
的献身精神等,都体现了中华民族的优秀传统文化和民族精神,我们都应该继承和发扬。
领导干部还应该了解一些文学知识,通过提高文学鉴赏能力和审美能力,陶冶情操,培养
高尚的生活情趣。许多老一辈革命家都有很深厚的文学素养,在诗词歌赋方面有很高的
造诣。总之,学史可以看成败、鉴得失、知兴替;学诗可以情飞扬、志高昂、人灵秀;学伦理
可以知廉耻、懂荣辱、辨是非。我们不仅要了解中国的历史文化,还要睁眼看世界,了解世
界上不同民族的历史文化,去其糟粕,取其精华,从中获得启发,为我所用。

在十二届全国人大一次会议闭幕会上的讲话

（2013 年 3 月 17 日）

　　中华民族具有 5000 多年连绵不断的文明历史,创造了博大精深的中华文化,为人类
文明进步作出了不可磨灭的贡献。经过几千年的沧桑岁月,把我国 56 个民族、13 亿多人
紧紧凝聚在一起的,是我们共同经历的非凡奋斗,是我们共同创造的美好家园,是我们共
同培育的民族精神,而贯穿其中的、最重要的是我们共同坚守的理想信念。

在全国宣传思想工作会议上的讲话

（2013 年 8 月 19 日）

　　宣传阐释中国特色,要讲清楚每个国家和民族的历史传统、文化积淀、基本国情不同,
其发展道路必然有着自己的特色;讲清楚中华文化积淀着中华民族最深沉的精神追求,是
中华民族生生不息、发展壮大的丰厚滋养;讲清楚中华优秀传统文化是中华民族的突出优
势,是我们最深厚的文化软实力;讲清楚中国特色社会主义植根于中华文化沃土、反映中
国人民意愿、适应中国和时代发展进步要求,有着深厚历史渊源和广泛现实基础。中华民

族创造了源远流长的中华文化,中华民族也一定能够创造出中华文化新的辉煌。独特的文化传统,独特的历史命运,独特的基本国情,注定了我们必然要走适合自己特点的发展道路。对我国传统文化,对国外的东西,要坚持古为今用、洋为中用,去粗取精、去伪存真,经过科学的扬弃后使之为我所用。

在会见第四届全国道德模范及提名奖获得者时的讲话
(2013 年 9 月 26 日)

中华文明源远流长,孕育了中华民族的宝贵精神品格,培育了中国人民的崇高价值追求。自强不息、厚德载物的思想,支撑着中华民族生生不息、薪火相传,今天依然是我们推进改革开放和社会主义现代化建设的强大精神力量。

在欧美同学会成立 100 周年庆祝大会上的讲话
(2013 年 10 月 21 日)

在中华民族几千年绵延发展的历史长河中,爱国主义始终是激昂的主旋律,始终是激励我国各族人民自强不息的强大力量。

在山东考察时的讲话
(2013 年 11 月 26 日)

一个国家、一个民族的强盛,总是以文化兴盛为支撑的,中华民族伟大复兴需要以中华文化发展繁荣为条件。对历史文化特别是先人传承下来的道德规范,要坚持古为今用、推陈出新,有鉴别地加以对待,有扬弃地予以继承。……

国无德不兴,人无德不立。必须加强全社会的思想道德建设,激发人们形成善良的道德意愿、道德情感，培育正确的道德判断和道德责任，提高道德实践能力尤其是自觉践行能力，引导人们向往和追求讲道德、尊道德、守道德的生活，形成向上的力量、向善的力量。只要中华民族一代接着一代追求美好崇高的道德境界，我们的民族就永远充满希望。

在纪念毛泽东同志诞辰 120 周年座谈会上的讲话
（2013 年 12 月 26 日）

历史就是历史，历史不能任意选择，一个民族的历史是一个民族安身立命的基础。不论发生过什么波折和曲折，不论出现过什么苦难和困难，中华民族 5000 多年的文明史，中国人民近代以来 170 多年的斗争史，中国共产党 90 多年的奋斗史，中华人民共和国 60 多年的发展史，都是人民书写的历史。历史总是向前发展的，我们总结和吸取历史教训，目的是以史为鉴、更好前进。

在中共中央政治局第十二次集体学习时的讲话
（2013 年 12 月 30 日）

要继承和弘扬我国人民在长期实践中培育和形成的传统美德，坚持马克思主义道德观、坚持社会主义道德观，在去粗取精、去伪存真的基础上，坚持古为今用、推陈出新，努力实现中华传统美德的创造性转化、创新性发展，引导人们向往和追求讲道德、尊道德、守道德的生活，让 13 亿人的每一分子都成为传播中华美德、中华文化的主体。

在省部级主要领导干部学习贯彻十八届三中全会精神 全面深化改革专题研讨班开班式上的讲话 （2014 年 2 月 17 日）

民族文化是一个民族区别于其他民族的独特标识。要加强对中华优秀传统文化的挖掘和阐发,努力实现中华传统美德的创造性转化、创新性发展,把跨越时空、超越国度、富有永恒魅力、具有当代价值的文化精神弘扬起来,把继承优秀传统文化又弘扬时代精神、立足本国又面向世界的当代中国文化创新成果传播出去。

在中共中央政治局第十三次集体学习时的讲话 （2014 年 2 月 24 日）

培育和弘扬社会主义核心价值观必须立足中华优秀传统文化。牢固的核心价值观,都有其固有的根本。抛弃传统、丢掉根本,就等于割断了自己的精神命脉。博大精深的中华优秀传统文化是我们在世界文化激荡中站稳脚跟的根基。中华文化源远流长,积淀着中华民族最深层的精神追求,代表着中华民族独特的精神标识,为中华民族生生不息、发展壮大提供了丰厚滋养。中华传统美德是中华文化精髓,蕴含着丰富的思想道德资源。不忘本来才能开辟未来,善于继承才能更好创新。对历史文化特别是先人传承下来的价值理念和道德规范,要坚持古为今用、推陈出新,有鉴别地加以对待,有扬弃地予以继承,努力用中华民族创造的一切精神财富来以文化人、以文育人。

要讲清楚中华优秀传统文化的历史渊源、发展脉络、基本走向,讲清楚中华文化的独特创造、价值理念、鲜明特色,增强文化自信和价值观自信。要认真汲取中华优秀传统文化的思想精华和道德精髓,大力弘扬以爱国主义为核心的民族精神和以改革创新为核心的时代精神,深入挖掘和阐发中华优秀传统文化讲仁爱、重民本、守诚信、崇正义、尚和合、求大同的时代价值,使中华优秀传统文化成为涵养社会主义核心价值观的重要源泉。要处理好继承和创造性发展的关系，重点做好创造性转化和创新性发展。

在巴黎联合国教科文组织总部的演讲
（2014 年 3 月 27 日）

实现中国梦，是物质文明和精神文明均衡发展、相互促进的结果。没有文明的继承和发展，没有文化的弘扬和繁荣，就没有中国梦的实现。中华民族的先人们早就向往人们的物质生活充实无忧、道德境界充分升华的大同世界。中华文明历来把人的精神生活纳入人生和社会理想之中。所以，实现中国梦，是物质文明和精神文明比翼双飞的发展过程。随着中国经济社会不断发展，中华文明也必将顺应时代发展焕发出更加蓬勃的生命力。

在北京大学师生座谈会上的讲话
（2014 年 5 月 4 日）

中国古代历来讲格物致知、诚意正心、修身齐家、治国平天下。从某种角度看，格物致知、诚意正心、修身是个人层面的要求，齐家是社会层面的要求，治国平天下是国家层面的要求。我们提出的社会主义核心价值观，把涉及国家、社会、公民的价值要求融为一体，既体现了社会主义本质要求，继承了中华优秀传统文化，也吸收了世界文明有益成果，体现了时代精神。

富强、民主、文明、和谐，自由、平等、公正、法治，爱国、敬业、诚信、友善，传承着中国优秀传统文化的基因，寄托着近代以来中国人民上下求索、历经千辛万苦确立的理想和信念，也承载着我们每个人的美好愿景。……

中华文明绵延数千年，有其独特的价值体系。中华优秀传统文化已经成为中华民族的基因，植根在中国人内心，潜移默化影响着中国人的思想方式和行为方式。今天，我们提倡和弘扬社会主义核心价值观，必须从中汲取丰富营养，否则就不会有生命力和影响力。……我们生而为中国人，最根本的是我们有中国人的独特精神世界，有百姓日用而不觉的价值观。我们提倡的社会主义核心价值观,就充分体现了对中华优秀传统文化的传承和升华。

在北京师范大学看望一线教师时的讲话
(2014 年 9 月 9 日)

我很不赞成把古代经典诗词和散文从课本中去掉,"去中国化"是很悲哀的。应该把这些经典嵌在学生脑子里,成为中华民族文化的基因。

在中共中央政治局第十八次集体学习时的讲话
(2014 年 10 月 13 日)

中华优秀传统文化是我们最深厚的文化软实力,也是中国特色社会主义植根的文化沃土。每个国家和民族的历史传统、文化积淀、基本国情不同,其发展道路必然有着自己的特色。

在漫长的历史进程中,中华民族创造了独树一帜的灿烂文化,积累了丰富的治国理政经验,其中既包括升平之世社会发展进步的成功经验,也有衰乱之世社会动荡的深刻教训。我国古代主张民惟邦本、政得其民,礼法合治、德主刑辅,为政之要莫先于得人、治国先治吏,为政以德、正己修身,居安思危、改易更化,等等,这些都能给人们以重要启示。治理国家和社会,今天遇到的很多事情都可以在历史上找到影子,历史上发生过的很多事情也都可以作为今天的镜鉴。中国的今天是从中国的昨天和前天发展而来的。要治理好今天的中国,需要对我国历史和传统文化有深入了解,也需要对我国古代治国理政的探索和智慧进行积极总结。……

我们要对传统文化进行科学分析,对有益的东西、好的东西予以继承和发扬,对负面的、不好的东西加以抵御和克服,取其精华、去其糟粕,而不能采取全盘接受或者全盘抛弃的绝对主义态度。

在北京主持召开文艺工作座谈会并发表重要讲话

（2014 年 10 月 15 日）

中华优秀传统文化是中华民族的精神命脉，是涵养社会主义核心价值观的重要源泉，也是我们在世界文化激荡中站稳脚跟的坚实根基。要结合新的时代条件传承和弘扬中华优秀传统文化，传承和弘扬中华美学精神。我们社会主义文艺要繁荣发展起来，必须认真学习借鉴世界各国人民创造的优秀文艺。只有坚持洋为中用、开拓创新，做到中西合璧、融会贯通，我国文艺才能更好发展繁荣起来。

在省部级主要领导干部学习贯彻党的十八届五中全会

精神专题研讨班上的讲话

（2016 年 1 月 18 日）

要坚持社会主义先进文化前进方向，用社会主义核心价值观凝聚共识、汇聚力量，用优秀文化产品振奋人心、鼓舞士气，用中华优秀传统文化为人民提供丰润的道德滋养，提高精神文明建设水平。

在哲学社会科学工作座谈会上的讲话

（2016 年 5 月 17 日）

我们要坚持不忘本来、吸收外来、面向未来，既向内看、深入研究关系国计民生的重大课题，又向外看、积极探索关系人类前途命运的重大问题；既向前看、准确判断中国特色社会主义发展趋势，又向后看、善于继承和弘扬中华优秀传统文化精华。

我们说要坚定中国特色社会主义道路自信、理论自信、制度自信，说到底是要坚定文化自信。文化自信是更基本、更深沉、更持久的力量。历史和现实都表明,一个抛弃了或者背叛了自己历史文化的民族,不仅不可能发展起来,而且很可能上演一场历史悲剧。……要加强对中华优秀传统文化的挖掘和阐发,使中华民族最基本的文化基因与当代文化相适应、与现代社会相协调,把跨越时空、超越国界、富有永恒魅力、具有当代价值的文化精神弘扬起来。要推动中华文明创造性转化、创新性发展,激活其生命力,让中华文明同各国人民创造的多彩文明一道,为人类提供正确精神指引。要围绕我国和世界发展面临的重大问题,着力提出能够体现中国立场、中国智慧、中国价值的理念、主张、方案。

在中国文联十大、中国作协九大开幕式上的讲话
(2016 年 11 月 30 日)

中华文化延续着我们国家和民族的精神血脉,既需要薪火相传、代代守护,也需要与时俱进、推陈出新。要加强对中华优秀传统文化的挖掘和阐发,使中华民族最基本的文化基因同当代中国文化相适应、同现代社会相协调,把跨越时空、超越国界、富有永恒魅力、具有当代价值的文化精神弘扬起来,激活其内在的强大生命力,让中华文化同各国人民创造的多彩文化一道,为人类提供正确精神指引。

决胜全面建成小康社会,夺取新时代中国特色社会主义伟大胜利
——在中国共产党第十九次全国代表大会上的报告
(2017 年 10 月 18 日)

必须坚持马克思主义,牢固树立共产主义远大理想和中国特色社会主义共同理想,培育和践行社会主义核心价值观,不断增强意识形态领域主导权和话语权,推动中华优秀传统文化创造性转化、创新性发展,继承革命文化,发展社会主义先进文化,不忘本来、吸收外来、面向未来,更好构筑中国精神、中国价值、中国力量,为人民提供精神指引。

中国特色社会主义文化,源自中华民族五千多年文明历史所孕育的中华优秀传统文

化,熔铸于党领导人民在革命、建设、改革中创造的革命文化和社会主义先进文化,根植于中国特色社会主义伟大实践。……

深入发掘中华优秀传统文化蕴含的思想观念、人文精神、道德规范,结合时代要求继承创新,让中华文化展现出永久魅力和时代风采。……

中国共产党从成立之日起,既是中国先进文化的积极引领者和践行者,又是中华优秀传统文化的忠实传承者和弘扬者。

第七节

如何正确对待中国传统文化

　　21世纪以来，"新文化运动"后赋闲很久的孔子变得很忙：不但上电影、上电视、上讲坛，还漂洋过海到国外办学院、办学堂。孔子越来越忙其实是中国传统文化越来越热的一个表征。我们有理由相信，随着中国综合国力的不断增强和世界影响力的日益增长，中国传统文化不但会越来越热，而且会越来越具有世界性的影响力。中国传统文化热了，一些错误观点、错误思潮难免会露头甚至蔓延，对社会大众特别是当代大学生正确认识、对待中国传统文化造成消极影响。这就要求我们必须积极引导社会大众特别是当代大学生以正确的方式认识、对待中国传统文化。

（一）正确认识、对待中国传统文化，必须要正确把握学习和传承中华优秀传统文化的意义

　　2017年1月，中共中央办公厅、国务院办公厅印发《关于实施中华优秀传统文化传承发展工程的意见》，并发出通知要求各地区各部门结合实际认真贯彻落实。以如此高的政治规格来推进中华优秀传统文化的传承发展工作，在新中国的历史上可谓史无前例。我

们为什么要学习和传承中华传统优秀文化呢？答案很简单：忘记历史就意味着背叛。"不忘历史才能开辟未来，善于继承才能善于创新。优秀传统文化是一个国家、一个民族传承和发展的根本，如果丢掉了，就割断了精神命脉。"①

第一，中华优秀传统文化是坚定文化自信的重要基础。古希腊哲学家苏格拉底说："一个人能否有成就，只要看他是不是有自尊心和自信心这两个条件。"对于一个民族、一个国家来说，自信同样重要。今日之中国之所以能够自信地屹立在世界的东方，就在于我们拥有坚定的道路自信、理论自信、制度自信，其本质是建立在 5000 多年文明传承基础上的文化自信。

中华优秀传统文化为什么能够坚定我们的文化自信？我们可以从历史和现实两个角度进行审视。一方面，之所以中华民族生生不息、发展壮大到如今，中华文明绵延几千年发展而不中断，就在于有中华优秀传统文化持续不断的丰厚滋养，这"对形成和维护中国团结统一的政治局面，对形成和巩固中国多民族和合一体的大家庭，对形成和丰富中华民族精神，对激励中华儿女维护民族独立、反抗外来侵略，对推动中国社会发展进步、促进中国社会利益和社会关系平衡，都发挥了十分重要的作用"②。另一方面，与其他只在世界各地的博物馆中被追慕的古代文化不同，中华优秀传统文化历久弥新，蕴含着解决当代人类面临的难题的重要启示。正如习近平总书记所说："中国优秀传统文化的丰富哲学思想、人文精神、教化思想、道德理念等，可以为人们认识和改造世界提供有益启迪，可以为治国理政提供有益启示，也可以为道德建设提供有益启发。"③

第二，中华优秀传统文化是增强文化软实力、维护国家文化安全的重要保障。"软实力"（Soft Power）是美国学者约瑟夫·奈在 20 世纪 90 年代初提出的一个概念。他认为，一个国家的综合国力由"硬实力"和"软实力"两个部分构成，"硬实力"体现在经济、科技、军事实力等方面，"软实力"则体现为文化和意识形态吸引力。他指出，"全球信息时代的

---

① 《习近平在纪念孔子诞辰 2565 周年国际学术研讨会暨国际儒学联合会第五届会员大会开幕会上讲话》，《人民日报》，2014 年 9 月 25 日，第 2 版。

② 《习近平在纪念孔子诞辰 2565 周年国际学术研讨会暨国际儒学联合会第五届会员大会开幕会上讲话》，《人民日报》，2014 年 9 月 25 日，第 2 版。

③ 《习近平在纪念孔子诞辰 2565 周年国际学术研讨会暨国际儒学联合会第五届会员大会开幕会上讲话》，《人民日报》，2014 年 9 月 25 日，第 2 版。

政治游戏显示,软力量的相对重要性会增加"。① 奈的观察无疑是敏锐的。全球化不仅摧毁了民族国家的贸易壁垒,也日益侵蚀、颠覆民族国家的文化边界,从而使西方文化、西方价值观在世界范围内的自由扩散成为可能,这对非西方国家民族文化生态的安全和可持续发展构成了严重挑战。当下,在坚持文化共存、文化交流的基础上,如何维护民族文化的安全和独立性,抵御西方文化的入侵、殖民,是非西方国家都亟待应对的严峻挑战。

中国历史上多次经历外来文化的传入甚至大规模入侵,但都凭借中华优秀传统文化的坚强护卫,不仅维护了自身的文化独立性,而且对外来文化实现了创造性转换,促进了自己的创新性发展。如,公元纪年前后,诞生于古印度的佛教传入中国,至魏晋南北朝时期,佛教在中国获得巨大发展,不仅对本土宗教文化构成巨大挑战,甚至对当时封建王朝的政治统治都构成一定的威胁。为此,北魏太武帝时期(438年前后)、北周武帝时期(574年前后)、唐武宗时期(842年前后)都曾发生过"灭佛"事件,史称"三武灭佛"。唐朝大文学家韩愈(768—824)也曾忧虑佛教冲击中国文化正统而主张辟佛,甚至因此遭受了政治打压。不过,就像我们今天看到的那样,佛教并没有取代中国文化正统,而是被中华优秀传统文化吸收、借鉴,融合创新出了以禅宗、净土宗等为代表的本土化的中国佛教。再如,1840年鸦片战争以后,中国被西方列强入侵,沦为半封建半殖民地国家。很多有识之士都在反思这一不堪忍受的现实,甚至主张彻底抛弃封建时代的中国传统文化,全面接受西方文化。陈序经(1903—1967)就曾断言:"我们的唯一办法,是全盘接受西化。"②而历史最终证明,全盘西化是行不通的。直到中国共产党把从西方传入的马克思主义基本原理与中国具体实际包括历史文化实际有机结合,创立了中国化的马克思主义,才最终领导中国人民获得了民族解放。

今天,中国已经成为全球化2.0时代的引领者之一,与西方思想文化的交流交融交锋也更加频繁,西方文化已经深入了中国社会特别是年轻一代的思想和生活方式之中。在这种背景下,我们必须提防西方某些政治家试图通过文化交流而使中国"西化"即资本主义化的企图。怎样既保持交流开放,又有效维护自身的文化独立性? 向中华优秀传统文

---

① (美)约瑟夫·奈:《软力量——世界政坛成功之道》,吴晓辉、钱程译,北京:东方出版社,2005年,第30页。

② 陈序经:《中国文化的出路》,长沙:岳麓书社,2010年,第81页。

化寻求智慧,就再一次成为我们的历史选择。

　　第三,中华优秀传统文化是全面推进社会主义现代化建设的重要法宝。现代化是世界历史发展的潮流和趋势,也是我国目前的根本任务。改革开放以来,我国社会主义现代化建设取得了突飞猛进的成绩。与此同时,不容忽视的是,社会主义现代化建设是通过发展社会主义市场经济来推动的,市场的固有弱点和缺陷也导致现代化进程中出现了价值观念危机、道德沦丧、政治腐败、生态危机、社会矛盾加剧等问题。更为深层次的问题是,与物质文明高度发达相对应的是精神文明建设的落后,人民日益增长的美好生活需要与不平衡不充分的发展之间的矛盾已经成为当下中国的主要矛盾,成了全面推进社会主义现代化建设亟待解决的问题。

　　中华优秀传统文化中蕴含着丰富的治国理政思想理念、道德规范和人文精神等思想精华,是全面推进社会主义现代化建设的重要资源和法宝。首先,以儒家为主导的中华优秀传统文化具有浓厚的人本主义色彩,提倡对人的关怀是中华优秀传统文化的精华之一,这与目前提倡的重视民生和以人为本的理念是一致的,对于解决民生问题、加强社会建设、缓解社会矛盾具有重要意义。其次,中华优秀传统文化重视对人的道德教化和规范,并彤成了一套完整的道德规范体系。这种道德规范外化为道德义务,内化为个人的道德修养。弘扬中华优秀传统美德对于个体而言有助于加强个人的道德修养,扭转在市场经济下过于个人化、功利化的价值取向,引导个人追求理想人格和自我完善;对于国家和社会而言,注重道德教化,坚持依法治国和以德治国相结合,有助于完善国家的治理体系,提高治理能力,推进国家治理体系和治理能力的现代化。最后,中华优秀传统文化强调人与自然的和谐相处,主张"天人合一"、"道法自然",这不仅有助于引导个人在尊重自然、亲近自然中安顿身心,而且有助于避免因过度消费导致的生态环境危机,从而有助于国家加强生态文明建设,促进社会可持续发展。

(二) 正确认识、对待中国传统文化,必须警惕两种错误思潮或倾向

　　一是必须警惕文化复古主义思潮。2017 年 5 月,有所谓"女德"专家在大学校园里开设讲座,以弘扬传统文化为名,宣扬封建主义的"三从四德",引发社会关注。事实上,21世纪以来,儒家、道家、法家等传统思想流派的当代继承人都在积极寻找各种机会,表达自己的主张,试图把自己所推崇的传统思想和政治理念确立为中国的主导价值观,这些都属

于文化复古主义思潮。复兴儒学思潮是当前影响最大的一种文化复古主义思潮。这种思潮试图把中国传统文化等同于儒家学说，把重视和弘扬中国传统文化等同于尊孔读经，将儒学经典奉为至上真理，甚至对于一些错误观点都要加以粉饰或拔高。更值得警惕的是，这种思潮甚至打着民族文化复兴的旗号公然挑战马克思主义的指导地位，声称马克思主义是一种具有破坏性的外来文化，不能代表中华民族的正统文化，应当用"仁政"、"德治"，甚至用"三纲五常"等思想来取代马克思主义和社会主义核心价值观的指导地位。

重温鸦片战争以来的中国近现代历史，让历史告诉当代，是我们给各种文化复古主义思潮的总回复：传统文化既不能解决救亡图存的问题，也不能解决富国强民的问题。那么，我们为什么要开历史的倒车，让中国传统文化再次成为主导价值观呢？正如有的学者指出的那样，"用传统文化来拒斥马克思主义，看起来似乎在捍卫传统文化，而其结果将适得其反，传统文化不仅将不能保存，反而会为滚滚向前的时代潮流所淘汰"①。总之，文化复古主义绝不是中国传统文化复兴的正确打开方式，我们必须坚持马克思主义的指导地位，牢牢把握社会主义先进文化的前进方向，取其精华、去其糟粕，从而使中国传统文化与当代文化相适应、与现代社会相协调。

扫一扫
看 MooC

二是必须防止历史虚无主义。历史虚无主义和文化复古主义可以说是一枚硬币的两面。历史虚无主义的本质特征就是否定一切历史传统和文化基因的历史价值。21世纪以来，随着社会主义市场经济的繁荣发展以及互联网时代的全面展开，历史虚无主义思潮与西方价值观遥相呼应，在我国有卷土重来之势。其重要表现就是打着"普世价值"的幌子否定中国传统文化和社会主义核心价值观。而其危害主要体现在三个方面：一是消解传统文化价值，动摇文化信念根基；二是消融民族文化特质，阻碍民族发展进程；三是侵蚀思想文化战线，危及国家文化安全。

历史是最好的老师。20世纪20年代初，一批共产主义政党先后诞生。大浪淘沙，能够幸存至今者，屈指可数。能够屹立在世界舞台的中心，发挥越来越重大的历史作用者，唯有中国共产党。中国共产党为什么能够领导中国取得革命、建设和改革开放的伟大胜利？一个重要原因就在于它不数典忘祖、妄自菲薄，始终自觉从传统文化中汲取治国理政的教益，坚持视历史为最好的老师，坚守中国传统文化的继承性与时代性，坚信"解决中国

---

① 许全兴：《毛泽东与孔夫子》，北京：人民出版社，2003年，第262页。

的问题只能在中国大地上探寻适合自己的道路和办法"①。因此,我们必须坚持以马克思主义的科学方法论为指导,正确认识中国传统文化的内在价值和历史地位,充分认识历史虚无主义的根本危害,深刻认识中国传统文化对于中华民族伟大复兴所具有的深远意义。

(三) 正确认识、对待中国传统文化,必须要正确理解"中国传统文化"和"中华优秀传统文化"这两个概念的区别与联系

"中国传统文化"和"中华优秀传统文化"是两个初看相近、但是深究相远的概念。简单地讲,"中国传统文化"是指中华文明历经五千多年积累和传承下来的部分。它好比历史之河冲刷到下游的宝藏,极其丰富但又未经拣选,"其中既有精华的部分,也有糟粕的部分;既有时代性、阶级性的一面,也有超越时代的、具有文明共性的一面"②。"中华优秀传统文化"是站在今天的立场上,对"中国传统文化"宝藏进行拣选的成果,其基本的拣选原则可以大致总结如下:"坚持辩证唯物主义和历史唯物主义,秉持客观、科学、礼敬的态度,取其精华、去其糟粕,扬弃继承、转化创新,不复古泥古,不简单否定,不断赋予新的时代内涵和现代表达形式,不断补充、拓展、完善,使中华民族最基本的文化基因与当代文化相适应、与现代社会相协调"③。总之,"中国传统文化"不等于"中华优秀传统文化","中华优秀传统文化"是从"中国传统文化"中扬弃继承、转化创新出来的;是与当代文化相适应、与现代社会相协调的精华部分。当前历史条件下,坚持和发展中国传统文化就是对作为精华部分的中华优秀传统文化的坚持与发展。

(四) 正确对待中国传统文化,传承和发展中华优秀传统文化,还必须处理好四对重要的关系

第一,必须处理好中华优秀传统文化与马克思主义的关系。有人担心,复兴中华传统文化会不会动摇马克思主义的指导地位? 出现这种担心的原因在于人们总是不自觉地将

---

① 《习近平在中共中央政治局第十八次集体学习时强调:牢记历史经验历史教训历史警示,为国家治理能力现代化提供有益借鉴》,《人民日报》,2014 年 10 月 14 日,第 1 版。

② 关健英:《如何正确继承和弘扬中华优秀传统文化》,《人民日报》,2017 年 2 月 16 日,第 12 版。

③ 《中共中央办公厅、国务院办公厅印发关于实施中华优秀传统文化传承发展工程的意见》,《人民日报》,2017 年 1 月 26 日,第 6 版。

中华优秀传统文化与马克思主义截然对立起来。其实,只要回顾历史就不难发现,作为中国社会指导思想的马克思主义是马克思主义基本原理与包括中国传统文化在内的中国实际相结合的产物,是已经吸收了中国传统文化中精华部分的、中国化的马克思主义;中华优秀传统文化则是在马克思主义的指导下拣选出来的中国传统文化的精华部分,两者是相辅相成的:"中华民族文化复兴由于马克思主义的指导而导向正确,马克思主义由于中华民族传统文化的滋养而更具中国特色。"①因此,正确处理中华优秀传统文化与马克思主义的关系,需要抓住三个关键:一是坚持马克思主义的指导地位不动摇、不放松,这是今后我们各项建设继续取得胜利的关键,不能因为弘扬中华优秀传统文化而削弱马克思主义的指导地位;二是在马克思主义的指导下,充分发挥中华优秀传统文化在"传承中华文脉、全面提升人民群众文化素养、维护国家文化安全、增强国家文化软实力、推进国家治理体系和治理能力现代化"②等方面的有益资源和重要作用;三是深入推进马克思主义与中华优秀传统文化的再结合,实现运用马克思主义理论提升中华优秀传统文化与通过中华优秀传统文化充实马克思主义理论的有机结合,将马克思主义的中国化推向一个更高的境界。

第二,必须处理好中华优秀传统文化与中国特色社会主义的关系。中国传统文化主要形成于我国的封建社会,传统的自然经济与政治结构是它赖以生成的基础。如何才能既传承和弘扬中华优秀传统文化而又不陷入文化复古主义的窠臼?这就需要我们处理好中华优秀传统文化与中国特色社会主义的关系。一方面,我们必须明确,我们是在中国特色社会主义社会中传承和弘扬中华优秀传统文化,中华优秀传统文化是中国特色社会主义先进文化的有机组成部分,因此,中华优秀传统文化的传承与发展必须与中国特色社会主义的理论体系与实践道路紧密结合,以中国特色社会主义的核心理念与基本原则统领中华优秀传统文化的现代发展;另一方面,中国特色社会主义根植于中华文化沃土,反映着中国人民意愿,中华优秀传统文化为中国特色社会主义道路的开拓与发展提供了丰厚的文化滋养,这是当代中国发展的突出优势。因此,我们在探索中国特色社会主义道路的

---

① 陈先达:《马克思主义和中国传统文化》,北京:人民出版社,2015 年,第 18 页。

② 《中共中央办公厅、国务院办公厅印发关于实施中华优秀传统文化传承发展工程的意见》,《人民日报》,2017 年 1 月 26 日,第 6 版。

过程中必须在经济、政治、文化等方面都充分继承和吸收中华优秀传统文化的宝贵资源。

第三,必须处理好中华优秀传统文化与世界文明的关系。习近平总书记在联合国教科文组织总部发表演讲时指出:"文明是多彩的,人类文明因多样才具有交流互鉴的价值。""文明是平等的,人类文明因平等才具有交流互鉴的前提。""文明是包容的,人类文明因包容才有交流互鉴的动力。"①文明因交流而多彩,文明因互鉴而丰富,文明因丰富而繁荣。文明交流互鉴,是推动人类文明进步和促进世界和平发展的不竭动力。这启示我们要维护世界文明的多样性,尊重各国各民族的文明,虚心进行学习借鉴,科学对待文化传统,正确处理传统文化与世界文明的辩证关系。首先,我们要从世界历史的高度来认识中华优秀传统文化,对它的独特性和当代价值树立坚定的文化自信和价值自信。其次,我们要明确,中华优秀传统文化的源远流长、生生不息不仅得益于其自身的深刻智慧和独特价值,更是得益于其对世界文明精华的兼收并蓄和中国化,它本身就蕴含着兼收并蓄、理性借鉴的文化基因和传统。最后,中华优秀传统文化是民族的,也是世界的,我们要积极推动文化交流互鉴,传播当代中国理念,使中华优秀传统文化成为联系世界各国人民、共建人类命运共同体的精神纽带。

第四,必须处理好中华优秀传统文化的继承弘扬与转化创新的关系。中华优秀传统文化的继承弘扬与转化创新本质上是辩证统一的,具体体现在三个方面。一是继承弘扬是转化创新的根本基础和必然要求。中华优秀传统文化蕴含着中华民族的精神特质和文化基因。这意味着,我们只有继承弘扬中华优秀传统文化,才能在文化上真正成为中国人,才能真正肩负起维系中华民族的民族血脉、守护中华民族的精神家园、实现中华民族伟大复兴的历史使命。二是转化创新是继承弘扬的实现方式和内在动力。中国传统文化本身就是在历史过程中不断顺应时代的要求而发展变化着的。就此而言,能够不断转化创新是中国传统文化的一种优秀品质。我们只有继承并发挥这种优秀品质,才能保证中华优秀传统文化基因的薪火相传,才能保持中华优秀传统文化的鲜活性和时代性,才能增强中华优秀传统文化的影响力和感召力,真正实现对中华优秀传统文化的继承和弘扬。三是中国特色社会主义实践是继承弘扬与转化创新的内在尺度和根本原则。中华优秀传统文化必须在继承弘扬中转化创新,在转化创新中继承弘扬,两者是同一过程的两个方

---

① 习近平:《在联合国教科文组织总部的演讲》,《人民日报》,2014年3月28日,第3版。

面,缺一不可。回顾中华优秀传统文化的历史发展过程,我们看到,无论是继承弘扬还是转化创新,都需要一个共同的前提,那就是当今时代的特点和要求。时移世易,在新时代新时期,中华优秀传统文化的继承弘扬和转化创新必须以中国特色社会主义道路的伟大实践为内在尺度和根本原则,因为中国特色社会主义道路正是实现中华民族伟大复兴中国梦的必由之路。

第八节
中华优秀传统文化的基本精神

一般说来,文化的基本精神是指特定文化在价值观、思维方式、社会心理以及审美情趣等方面内在特质的基本风貌,是推动特定文化持续存在与发展的内在动力。中华优秀传统文化博大精深,内涵极其丰富,对其基本精神的理解与概括,往往仁者见仁智者见智,难以形成完全一致的看法。不过,在中华优秀传统文化的基本精神的判定标准方面,还是能够形成共识的:第一,要能与当代文化相适应、与现代社会相协调;第二,要有广泛的影响,能为大多数人接受领会,对广大民众发挥熏陶作用;第三,具有激励进步、促进发展的积极作用。基于这三个标准,我们认为,中华优秀传统文化至少包含以下四种基本精神。

(一)"天人合一"的整体精神

"天人关系"是中国古代最重要的哲学问题之一。宋代思想家邵雍曾说:"学不际天人,不足以谓之学。"这个问题的重要性由此可见。中国古代虽也有主张"天人相分"的思想家,如,荀子就主张"天"有自己的规律,不会因为"人"而改变,"天行有常,不为尧存,不为桀亡",同时人可以"制天命而用之",让"天"为人所用。不过,"天人合一"始终是中国传统文化的主流。

在中国古代，"天"至少有三种含义：神性之天、自然之天以及道德之天。春秋战国以前，"天"的这三种含义都已经出现；到了春秋战国时期，它们才在不同的思想流派中得到了清晰的阐释；春秋战国以降，"自然之天"和"道德之天"逐渐取代"神性之天"，成为"天"的主导含义，但"神性之天"也没有彻底退场，而是和"自然之天"合为一天，并被赋予了"道德之天"的含义。所以朱熹说："天之所以为天者，理而已。天非有此道理，不能为天，故苍苍者即此道理之天"；"天下只有一个正当道理，循理而行，便是天"。① 就此而言，中国人所理解的"天"不仅仅是自然界，而是指在人之外、与人相关联的有机整体。

扫一扫
看引文

"天人合一"思想的起源与发展相当复杂。简单地讲，它起源于《易经》，后经历代儒家思想家的不断发展，到宋代臻至成熟，最终，张载（1020—1077）"以《易经》为宗，以《中庸》为体，以孔孟为法"，基于气本论，明确提出"天人合一"命题，并进行了系统阐发。张载认为，"乾称父，坤称母；予兹藐焉，乃浑然中处。故天地之塞，吾其体；天地之帅，吾其性。民吾同胞，物吾与也。"②意

為天地立心 為生民立命 為往聖繼絕學 為萬世開太平

张载，北宋思想家、教育家、理学创始人之一。他的名言"为天地立心，为生民立命，为往圣继绝学，为万世开太平"被称作"横渠四句"，流传广泛，影响巨大。

思是说，人与万物都是气之聚散，所以，民胞物与，天人合一。

简言之，"天人合一"思想认为，人与天不是外在的对立关系，而是相即不离的整体，主张基于这种整体来思考、处理天人关系即人与自然的关系。今天，在控制自然、征服自然思想的引导下，人类取得了巨大的现代化成就，但也导致了严重的生态问题乃至生态危机。以此为契机重新审视"天人合一"思想，我们就可以看到，它给现代社会最大的启示就

---

① 黎靖德编，王星贤点校：《朱子语类》（卷三十五），北京：中华书局，1986年，第621页。

② 张载著，章锡琛点校：《张载集》，《正蒙·乾称篇第十七》，北京：中华书局，1978年，第62页。

是,人类必须反思近代西方那种把人与自然对立起来的观点,重新思考人与自然的关系,学会与自然和谐相处。这和恩格斯在 120 年前反思资本主义工业化时得出的结论是一致的。恩格斯说:"事实上,我们一天天地学会更正确地理解自然规律,学会认识我们对自然界的习常过程的干预所造成的较近或较远的后果。……而这种事情发生得越多,人们就越是不仅再次地感觉到,而且也认识到自身和自然界的一体性,那种关于精神和物质、人类和自然、灵魂和肉体之间的对立的荒谬的、反自然的观点,也就越不可能成立了,这种观点自古典古代衰落以后出现在欧洲并在基督教中得到最高程度的发展。"①

扫一扫
看 MooC

(二)"贵和尚中"的和谐精神

"贵和尚中"是中华优秀传统文化的精髓之一。先秦儒家特别是孔子对这一思想的定型完善贡献巨大。毛泽东曾评论孔子的中庸观念"是孔子的一大发现,一大功绩,是哲学的重要范畴,值得很好地解释一番"②。

《中庸》讲:"中也者,天下之大本也;和也者,天下之达道也。致中和,天地位焉,万物育焉。"(第一章)"中"就是不偏不倚,无过无不及。这绝不是人们通常所理解的折中主义,而是一种只有经过严格的道德修养才能达到的极高境界。孔子曾感叹:"中庸之为德也,其至矣乎! 民鲜久矣。"(《论语·雍也》)"中庸"之德为什么常人难以企及呢?《中庸》解释说:"君子中庸,小人反中庸。君子之中庸也,君子而时中;小人之反中庸也,小人而无忌惮也。"(第二章)又说:"舜其大知也与! ……执其两端,用其中于民,其斯以为舜乎!"(第六章)"中庸"之所以难以企及,一是因为要"时中",就是随时根据条件的不同而选取适当的标准;二是因为要"用中",就是做事根据情况的不同而采取适当的方法,不走极端。《中庸》还引孔子的话说,"子曰:'道之不行也,我知之矣,知者过之,愚者不及也;道之不明也,我知之矣,贤者过之,不肖者不及也。'"(第四章)也就是说,过与不及,都是非中庸的表现。中庸之难,由此可见。

"和"就是和合。其中,"和"指和谐、和睦、和平,"合"指合作、融合。《论语》中说:"礼

①　《马克思恩格斯选集》(第三卷),北京:人民出版社,2012 年版,第 998—999 页。
②　《毛泽东书信选集》,北京:人民出版社,1983 年,第 147 页。

之用,和为贵,先王之道,斯为美,小大由之。"(《论语·学而》)尧、舜、禹、汤、文、武、周公等古代明君之所以能够创造王道盛世,就在于他们依礼治国,追求社会和谐以及人民安康。老子说:"万物负阴而抱阳,冲气以为和。"(《老子》)老子强调阴阳的相互调和,认为"和"是万物存在的最佳状态和生存的基础。孟子说:"天时不如地利,地利不如人和。"(《孟子·公孙丑下》)"人和"是最重要的。自古以来,"和合"思想存在于中华传统文化的各个层面:修身养性,讲究身心和谐;处理家事,追求"家和万事兴";社会交往,坚持"以和为贵"、"和而不同";治理国家,期盼"政通人和";国际交流,遵循"和平共处";与自然关系,追求"天人合一"。

"贵和尚中"思想在中国作为多民族国家的长期繁荣发展过程中发挥了重大作用。习近平总书记就评论说:"这种'贵和尚中、善解能容、厚德载物、和而不同'的宽容品格,是我们民族所追求的一种文化理念。自然与社会的和谐,个体与群体之间的和谐,我们民族的理想正在于此,我们民族的凝聚力、创造力也正基于此。"①

(三)"刚健有为"的进取精神

在中国文化中,"刚"即"刚健",指坚定性;"有为"即"有所作为",指有历史责任感和时代使命感。"刚健有为"思想早在孔子时代就已经提出,并随着历史的演变而不断深化,为各阶级、各阶层所普遍接受,成为中华民族生存和发展的强大精神支柱和动力。

孔子说"刚毅木讷近仁"(《论语·子路》),其弟子曾子也认为"士不可以不弘毅,任重而道远。仁以为己任,不亦重乎?死而后已,不亦远乎?"(《论语·泰伯》)。在孔子看来,"刚毅"作为一种品德,和"有为"不可分,有志有德之人,既要有坚定的信念,又要有勇于担当的道义和不屈不挠的奋斗精神。儒家学派的后继者们继承孔子的思想,将此进一步发扬光大。孟子认为气节就是"至大至刚,以直养而无害,则塞于天地之间"之"浩然之气"(《孟子·公孙丑上》),推崇"富贵不能淫,贫贱不能移,威武不能屈"(《孟子·滕文公下》)的大丈夫气节,也是对刚毅品质的肯定。大丈夫应有独立的人格,遵守一定的准则,不屈服于外在的压力。荀子提出"制天命而用之",强调人不能将希望寄托于"天"。人事的吉

① 习近平:《之江新语》,《文化育和谐》,杭州:浙江人民出版社,2007年,第150页。

凶取决于人如何应对，"应之以治则吉，应之以乱则凶"，①故荀子提出了著名的论断"大天而思之，孰与物畜而制之？从天而颂之，孰与制天命而用之？望时而待之，孰与应时而使之？"②《周易·象传》云："天行健，君子以自强不息"，这是中国古代对"刚健有为"思想所做的最好概括。在这句名言里，《象传》的作者以天凭借刚强劲健之气周而复始、恩泽万物的精神，要求人们积极有为、勇于进取。

"刚健有为"思想虽然早已有之，但它真正上升为中华民族显性的民族精神，大体是明清之际的事情。那时候，明朝已经灭亡，王夫之参与抗击清军，其间有志于《周易》，后著《周易外传》，大力宣扬"健"与"动"的学说，强调"圣人尽人道而合天德。合天德者，健以存生之理；尽人道者，动以顺生之几"；"惟君子积刚以固其德，而不懈于动"。此后，刚健有为的精神便日益彰显出来，弥补了"贵和尚中"精神在竞争、进取和创新方面的不足之处，激励着此后历代仁人志士为拯救民族危难、开创民族复兴而不懈奋斗。

(四)"以天下为己任"的爱国主义精神

列宁称"爱国主义"为"千百年来巩固起来的对自己祖国的一种最深厚的感情"。习近平总书记强调："爱国主义是中华民族精神的核心。爱国主义精神深深植根于中华民族心中，是中华民族的精神基因，维系着华夏大地上各个民族的团结统一，激励着一代又一代中华儿女为祖国发展繁荣而不懈奋斗。5000多年来，中华民族之所以能够经受住无数难以想象的风险和考验，始终保持旺盛生命力，生生不息，薪火相传，同中华民族有深厚持久的爱国主义传统是密不可分的。"③

中国古代家国一体，崇尚"亲民如子，爱国如家"④。中国人把对父母的孝扩展到对国家的忠，形成了深厚的爱国主义情感。对于中国人来说，爱国主义首先体现为发自内心的民族自豪感。中华民族经历了历史上疆域、领土的不断扩充，子孙后代的不断繁衍，到如今祖国大地幅员辽阔、地大物博、山河壮丽、风光秀美，这无不使每一个中国人生发出一种

---

①　王先谦撰，沈啸寰、王星贤点校：《荀子集解》，北京：中华书局，2013年，第362页。

②　王先谦撰，沈啸寰、王星贤点校：《荀子集解》，北京：中华书局，2013年，第374—375页。

③　《习近平在中共中央政治局第二十九次集体学习时强调：大力弘扬伟大爱国主义精神，为实现中国梦提供精神支柱》，《人民日报》，2015年12月31日，第1版。

④　荀悦：《汉纪》，《孝惠皇帝纪卷第五》，见《两汉纪》（上册），北京：中华书局，2002年，第72页。

民族自豪感,为自己能够成为中华民族的子孙而自豪,为祖国的繁荣昌盛而自豪,为中华民族能够屹立于世界之林而自豪。这种坚定的民族自信心和民族自豪感深深地刻在每个人的心中,从而形成了真挚而深沉的民族情怀,由这种民族情怀而产生了普遍的爱国主义情感。其次,爱国主义体现在"以天下为己任"、"天下兴亡、匹夫有责"的民族忧患意识和历史责任感上。国家与民族的和平,百姓的幸福安康,是所有中国人内心的期盼。我们国家经历了几千年的风风雨雨,在曲折中向前发展,中国人很早就明白了"居安思危"这一哲学道理。忧国忧民的忧患意识是中国人心中最深厚的民族情感。在中国历史发展的长河中,这种忧患意识逐渐升华为强烈的爱国主义精神。每当国家和民族遭遇困难的时候,中国人民都能团结起来,救亡图存,共渡难关。历史上,屈原的"长太息以掩涕兮,哀民生之多艰",司马迁的"常思奋不顾身,以徇国家之急",霍去病的"匈奴未灭,何以家为",曹操的"生民百遗一,念之断人肠",曹植的"捐躯赴国难,视死忽如归",诸葛亮的"鞠躬尽瘁,死而后已",葛洪的"烈士之爱国也如家",岳飞的"精忠报国"、"还我河山",范仲淹的"先天下之忧而忧,后天下之乐而乐",文天祥的"人生自古谁无死,留取丹心照汗青",顾宪成的"家事、国事、天下事、事事关心",到顾炎武的"天下兴亡、匹夫有责"等,都表达了中华民族爱国主义的忧国忧民、以天下为己任的崇高思想和精神。一些民族英雄的事迹为中国人民千古传诵,他们的爱国精神影响深远,至今仍具有强大的感召力。这种精神一直伴随着我们民族的生息与发展,是中华民族的民族之魂,是中华民族精神的核心。

第九节
中华优秀传统文化的核心理念

千百年来,中国人在传统文化基本精神的指引下"修身、齐家、治国、平天下",从而使中华优秀传统文化的基本精神得到更加具体的思想表达。人们通常把中华优秀传统文化基本精神的这些思想结晶称为中华优秀传统文化的核心理念。中华优秀传统文化的核心理念涉及个人、社会、国家各个层面,在不同的时代有不同的理论表达,并且其具体含义也会随着时代的变迁发生相应的改变。这就需要我们进行必要的富有时代特征的理论总结。根据国内学界的多数共识,我们认为,中华优秀传统文化的核心理念至少包含以下12个条目:精忠报国,以民为本,天下大同,勤俭廉政,舍生取义,仁爱孝悌,和而不同,敬业乐群,诚实守信,自强不息,厚德载物,尊师重道。

(一) 精忠报国

精忠报国是中华传统美德。相传我国历史上著名的民族英雄岳飞在参军前,其母在其背上刺上"精忠报国"四字,以期其日后能够为国竭尽忠诚。这是中国最著名的历史典故之一,弘扬了强烈的爱国主义精神。爱国主义是对待祖国的一种政治原则和道德原则。

它的具体内容取决于一定的历史条件,被赋予了时代的内涵。历史上,屈原、苏武、岳飞、文天祥、戚继光、史可法、谭嗣同等爱国者的故事被一代代地传颂,都是与当时的时代背景相契合的爱国主义。而在当代中国,爱国主义是与社会主义有机统一于建设中国特色社会主义的实践中的,它要求我们发扬自尊、自信、自强的民族精神,以贡献全部力量建设和保卫社会主义祖国为最大光荣,以损害国家利益、民族尊严为最大耻辱,要求我们为维护国家主权,实现祖国统一而不懈奋斗。

(二) 以民为本

以民为本是中国传统政治的核心价值。我国的民本思想早在三千多年前的商周之际就已产生,儒家早期经典《尚书》中就有了"民惟邦本,本固邦宁"的理念。到了春秋战国时期,孔子提出了"古之为政,爱人为大"(《礼记·哀公问》)的思想,孟子提出了"民贵君轻"、"得民心者得天下"的思想,这些思想是早期民本思想的集中体现,奠定了中国古代民本思想的理论基础,对后世民本思想的进一步发展产生了重要影响。"以民为本"说明了人民在国家政治生活中的重要地位,人民是治理国家的根本,执政者只有得到人民的拥护才能巩固政权。它要求执政者重视民意、赢得民心、了解民生,为百姓兴利除弊。这一理念在中国历史上发挥了重要的作用,它对今天的国家政治生活仍有重要的参考价值。

(三) 天下大同

天下大同是中国很多古代思想家眼中的最高政治理想。在秦汉时期儒家学者著作的《礼记·礼运》中,对"大同"理想有详细的描述,大同理想是以"天下为公"为最高准绳,在大同社会中,人人平等,各取所需,相处和谐,是一个充满公平正义的社会。天下大同的社会理想具有永恒的价值,对于我国当前社会主义现代化建设来说也具有现实意义。我们今天讲的"命运共同体",是"天下大同"理念随着时代的发展而演化出来的一个版本。习近平总书记2017年1月18日在日内瓦召开的"共商共筑人类命运共同体"会议上说:"人类正处在大发展大变革大调整时期","同时,人类也正处在一个挑战层出不穷、风险日益增多的时代"。面对这种局面,"中国方案是:构建人类命运共同体,实现共赢共享"①。这是"天下大同"思想在当代的运用。

(四) 勤俭廉政

"勤俭廉政"四字在中国早期的典籍中就已经出现了。"勤俭"最早出自《尚书·大禹谟》:"克勤于邦,克俭于家。"勤俭是廉政的前提,勤俭不是吝啬,更不是穷酸,而是带着长远的眼光,以合理的花费来实现最美好的生活。廉政不仅仅是不贪污受贿,而且是要以最公正的管理来谋求人民利益的最大化。有些清官不作为或乱作为,只能说明仅仅不贪污受贿是不够的,并不意味着廉政不是美德。要做到勤俭廉政,需要从长远利益考虑问题,从古人勤俭廉政的行迹中领会他们的精神。

(五) 舍生取义

"舍生取义"语出《孟子·告子上》:"生,亦我所欲也,义,亦我所欲也。二者不可得兼,舍生而取义者也。"指当生命和义不能并有时,宁可牺牲生命而取义,后泛指为了维护正义,不惜牺牲生命。舍生取义并不是要否定生命的价值,更不是鼓励为了"大义"在任何情况下都值得牺牲生命。它体现的是为了理想正义无畏牺牲的勇敢精神,蕴含着对人生意义和价值更深层次的认识。要培养舍生取义的精神,需要正确地认识舍生取义,最好从历史与哲学双重结合的角度去进行分析。此外,还需要培养浩然之气,养成理直气壮、踏实不虚的心态。

(六) 仁爱孝悌

重仁爱是中国传统道德的核心理念,在中国古代,仁被视为"众善之源,百行之本",被列为"四德"、"五常"之首。仁的核心是爱人。对于个人来说,仁爱之道首先就是要尊重别人,推己及人,也即孔子所说的"己所不欲,勿施于人"、"己欲立而立人,己欲达而达人"。孝悌则是包含在仁爱中的最低道德要求,也是仁爱的基础。对于国家和社会来说,"仁爱"

---

① 习近平:《共同构建人类命运共同体——在联合国日内瓦总部的演讲》,《人民日报》,2017 年 1 月 20 日,第 2 版。

是治国理政、推行仁政的行动指南。孔子把"仁爱"运用于政治及社会,孟子则把孔子的"仁爱"做了进一步的扩充,希望为政者能以仁爱之德行仁爱之政,从而形成其以"仁政"为核心的政治思想。孟子还把孝悌扩大到了治理天下的最高境界。他说:"尧舜之道,孝弟而已矣"(《孟子·告子下》),"人人亲其亲,长其长,而天下平"(《孟子·离娄上》)。总而言之,仁爱孝悌对当今社会处理人与人、人与社会、人与自然的关系仍然具有重要的借鉴意义。

(七) 和而不同

"和"表达的是关系的和谐,小到声音之间的配合协调,大到家庭关系、邦国关系、神人关系的和谐等。"和"并不意味着"同",春秋时史伯提出的"和实生物,同则不继"就是一种"和同之辨":不同的事物加以协调融合,才能不断丰富发展,进而使万物归于统一;如果把相同的东西相加,用尽了之后就完了。后来晏婴、孔子等均有关于"和同"问题的论述,皆主张"和而不同"的价值取向。而此种理念也在后世的治国理政、思想文化和个人修养等层面成为广为国人接受的伦理准则。

(八) 敬业乐群

敬业乐群的观念最早出自《礼记·学记》,学生入学,"一年视离经辨志,三年视敬业乐群,五年视博习亲师,七年视论学取友",[1]敬业乐群是入读三年后的一项考核标准:即能否心无旁骛、专注学业,能否和乐他人以共同探讨切磋。由此可见敬业乐群是秦汉以前的学习过程中的一种具体要求。后来敬业的范围扩展到学业之外的事业、职业等,而乐群的对象也不局限在同学,而是包括同事等更广的群体。因此敬业乐群除了是判断学生修学合格与否的标准,也成为当代社会衡量职业道德和人际关系的一条伦理规范。

(九) 诚实守信

"诚"的本义是言行一致。可引申为自然历程之前后一致,即自然变化是有常而不

---

① 孙希旦撰,沈啸寰、王星贤点校:《礼记集解》(卷三十六),北京:中华书局,1989年,第959页。

息的,这是天道的诚。也可引申为现实与理想的一致,自然有常变化而有条不紊,所以自然是合理的,即自然合于当然,这也叫作诚。故"诚"对传统士人来说是内在的至高境界。所谓"信",主要是指"信守诺言",强调一个人要"言必信"、"言而有信"等,具有外在的规范意义。"诚"和"信"皆从"言",二者有相通处。《说文解字》中说"诚,信也",又说"信,诚也"。诚实守信在中国传统文化中表达的是遵循天道、真实不欺、言行一致、信守诺言的人生境界和行为规范,是评价个人道德的标准,也是与人交往的准则和社会和谐的基础之一。

(十) 自强不息

"自强不息"语出《易传》乾卦的《象》辞:"天行健,君子以自强不息。"意谓自然万物运行不止、刚强劲健,而君子之为人处世,也当效仿天道的运行规律,刚毅坚卓、不屈不挠。自强不息注重自身自力的奋斗,强调永不懈怠、持之以恒的发展。自强不息既是个人修养工夫的理论指南,也是民族国家励精图治的必由之路。尤其是在国家积贫积弱的时期,自强不息的拼搏理念成为振兴民族、复兴中华的精神源泉。

(十一) 厚德载物

扫一扫
看 MooC

"厚德载物"语出《易传》坤卦的《象》辞:"地势坤,君子以厚德载物。"意谓大地有柔顺的特点,可以承载、包容万物,而作为君子则要效法大地的此种品性。"厚德载物"的提出体现了人文理性精神的抬头和中华传统文化中的"重德"特质,也彰显了儒家"内圣"、"外王"的两个向度的结合。"厚德"所追求的内在德性的积累以及由此催生的自身生命境界的提升,是内圣层面;"载物"所体现的利他精神的宽厚胸怀和担当意识,则是外王层面。因此厚德载物的理念可以说构筑了儒家在人格塑造和政治实践上的基本方法和路径。

(十二) 尊师重道

尊师重道,顾名思义指尊敬老师,并推崇其所传之道。道由师传,无师则道难显;而尊师源于有道,无道便无师。师是夏商周三代以来就出现的一种专门职业,承担教育的功能。春秋以降私学的盛兴,使师者在社会生活中扮演的角色日益丰富和重要,成为与天地、君王、至亲并列的尊崇对象,尊师重道的观念进一步得到强化和推广。师者通过传道授业、为人表率,赢得上至帝王、下至蒙童的尊重和敬仰,而这种社会风气的形成又是人才培育、国家强大和文明传承的重要保障。

- 下 篇 -

核 心 理 论

第十节
精忠报国

　　精忠报国是中华民族的传统美德之一。2014 年,习近平总书记在北京市海淀区民族小学看望少年儿童时,就曾表示自己四五岁时就受"精忠报国,岳母刺字"故事的影响,将精忠报国作为其一生的目标。中华民族传承数千年以来,屈原、苏武、岳飞、文天祥、戚继光、史可法、谭嗣同等爱国英雄的故事被一代一代地传颂,爱国主义已成为中国人安身立命、中华民族继往开来的精神支柱。西方人也同样把爱国当作一种崇高的品德。拿破仑就说:"爱国是文明人的首要美德。"前几年网络上出现了一场关于爱国主义的争论。有人认为,爱国主义是危险的罪恶,是一种流氓主义,因而反对宣扬"精忠报国"的理念。有人则捍卫传统的观点,认为冲击爱国主义是突破价值底线。这场争论影响颇大,还引起了主流媒体的关注。那么,爱国主义到底是美德还是罪恶呢? 人民群众一直以来接受的爱国主义教育是对还是错呢? 我们只有首先解答了这些问题,才能进一步探讨在当今社会应该如何践行爱国主义精神。

（一）什么是精忠报国

"国"字作为"精忠报国"的落脚点，在中国早期典籍《诗经》《尚书》中就出现了。在先秦诸子的著作中，"国"字出现的频率很高，但其含义与今天讲的"国"有很大的不同。先秦时代"国"是指王、侯的封地，又叫作"邦"。《说文解字》说："国，邦也。邦、国也。按邦国互训，浑言之也。周礼注曰：大曰邦，小曰国。邦之所居亦曰国。"①天子统治的范围则称为"天下"，大略等于我们现在所说的"国"、"全国"。

甲骨文"国"字

中国古代既有爱国邦的思想，也有爱天下的思想。比如屈原"竭智尽忠以事其君"，②"岂余身之惮殃兮，恐皇舆之败绩"，表达的是对楚国的爱，而非对天下的爱。孔子的一些言行则不仅表达了爱国邦，也表达了爱天下的思想。据《史记》记载，孔子听说齐国的田常打算攻打鲁国，劝学生出来抵抗，说："夫鲁，坟墓所处，父母之国，国危如此，二三子何为莫出？"③这表达了孔子对父母之邦——鲁国——的爱。但后来鲁国的君主不断让孔子失望，才逼得孔子离开鲁国。

扫一扫
看引文

《孟子·尽心》中提到孔子离开鲁国时走得很慢（"迟迟吾行也"），非常恋恋不舍，并评论说孔子的这种态度是"去父母国之道也"，即对父母之邦态度的典范。④ 孔子所树立的这个典范其实已经超越了对父母之邦的爱，即当孔子发现他无力改变无道的鲁国国君时，他决定离开鲁国，胸怀"天下"。他说："天下有道，丘不与易也。"⑤除了孔子之外，先秦其他思想家如墨子、孟子、荀子等都是以"天下有道"为己任。如《孟子·公孙丑下》说："如欲平治天下，当今之世，舍我其谁也？"荀子则更进一步提出："国，小具也，可以小人有也，可以小道得也，可以小力持也；天下者，大具也，不可以小人有也，不可以小道得也，不可以小力持也。国者，小人可以有之，然而未必不亡也，天下者，至大也，非圣人莫之能有也。"（《荀

① 许慎撰，段玉裁注：《说文解字》，上海：上海古籍出版社，1981 年，第 518 页。
② 司马迁：《史记》（卷八十四），《屈原贾生列传第二十四》，北京：中华书局，1959 年，第 2482 页。
③ 司马迁：《史记》（卷六十七），《仲尼弟子列传第七》，北京：中华书局，1959 年，第 2197 页。
④ 柳下惠则持有不同的态度。据《论语》，"柳下惠为士师，三黜。人曰：'子未可以去乎？'曰：'直道而事人，焉往而不三黜？枉道而事人，何必去父母之邦。'"
⑤ 司马迁：《史记》（卷四十七），《孔子世家第十七》，北京：中华书局，1959 年，第 1928—1929 页。

子·正论篇》)意思是说,国家为小,天下为大,国家即使可以为小人所持,但也很容易灭亡,而天下则非圣人不能维系。可见,在荀子看来,天下比邦国更值得我们关心。

自秦朝废除分封制、建立郡县制后,先秦所谓的"天下"变成了一个统一的国家。我们今天讲的"精忠报国",其对象与"天下"这个概念相对应。

"精忠报国"就是对国家尽忠,竭诚报效祖国,其核心要义是"爱国"。那么,什么是爱国呢? 简单地讲,爱国就是希望自己的祖国繁荣昌盛、受人尊敬,并为此目标而奋斗。这个定义看似简单,却有很重要的理论蕴含。

首先,根据定义,爱国不是口号,而需要付诸行动。真正的爱国者是为了祖国的繁荣昌盛而奋斗,而不是打着"为了国家"的旗号,实现个人利益。民国时期的"四大家族"、"文革"期间的"四人帮",都是位高权重的政客打着国家的旗号谋求私人的利益和权力。毛泽东曾一针见血地指出:"爱蒋介石的国"不是真正的爱国。2008 年美国金融危机爆发后,有经济学家就一针见血地评论指出:"美国花了那么多美元救助华尔街。可为什么要花那么多钱救助呢?

屈原(约公元前 340—公元前 278),战国时期楚国诗人、政治家。早年受楚怀王信任,任左徒、三闾大夫,兼管内政外交大事。因遭贵族排挤毁谤,被先后流放至汉北和沅湘流域。秦将白起攻破楚都郢(今湖北江陵)后,屈原自沉于汨罗江,以身殉国。屈原也是中国历史上第一位伟大的爱国诗人,其主要作品有《离骚》、《九歌》、《九章》、《天问》等。

当然口号是拯救华尔街拯救美国经济,事实可能并不是这样。打着国家利益旗号的背后,基本上都是私利。"①不唯现代社会有这种"打着国家利益旗号谋取私利"的"伪爱国"现象,古代社会亦有。比如,庄子就曾说过"窃国者为诸侯,诸侯之门而仁义存焉"②,意在讽刺"窃国者"虽可为诸侯甚或英雄,但其本质上的私利性却是与"窃钩者"并无二致。这种说法虽然有点极端,但陈述了一个普遍的现象,即其实有很多人打着爱国的旗号谋求私人的利益和权力。

---

① 石剑峰:《张维迎谈政府与市场》,《东方早报》,2010 年 8 月 29 日,第 2 版。
② 郭庆藩撰,王孝鱼点校:《庄子集释》(卷四中),《胠箧第十》,北京:中华书局,2012 年,第 359 页。

其次，"爱国"，顾名思义，是为祖国而非他国而奋斗。有时候祖国的利益会与他国的利益冲突。希望祖国繁荣昌盛的人，会优先考虑祖国的利益；当祖国遭到外敌入侵时，会支持祖国抵抗。换言之，爱国意味着爱有差等：爱自己的国家多于爱其他的国家。我们对父母之邦有特别的责任。2013年10月，习近平总书记在欧美同学会成立100周年庆祝大会上提道："无论树的影子有多长，根永远扎在土里；无论留学人员身在何处，都要始终把祖国和人民放在心里。"①其意就是希望海外留学学子，要效法中国革命和社会主义建设史上的大批仁人志士，勿忘祖国，将爱国之情、强国之志、报国之行统一于中华民族伟大复兴的光荣事业中。

林则徐(1785—1850)，字元抚，清代政治家、思想家和诗人，一生力抗西方入侵，主张严禁鸦片，但对于西方的文化、科技和贸易则持开放态度，主张学其优而用之。1839年，林则徐于广东禁烟时，派人明察暗访，强迫外国鸦片商人交出鸦片，并于虎门海滩当众销毁。

最后，根据爱国主义的定义，爱国主义不要求为了国家利益牺牲所有的个人利益。历史上许多著名的爱国主义者，不但能"先天下之忧而忧，后天下之乐而乐"（范仲淹），而且能"捐躯赴国难，视死忽如归"（曹植）。林则徐所谓"苟利国家生死以，岂因祸福避趋之"，亦有为国家利益可牺牲个人利益之意。但这是圣德高义，一般人很难做到。我们对于做到的人，给予最高的敬意，但我们不应以他们为标准去要求每个人。爱国主义只是一种希望与一份努力。我们每个人都应该为祖国的繁荣昌盛尽一点力，底线是不叛国，不伤害祖国的利益。

（二）为什么要精忠报国

在分析了"爱国"的概念后，我们就可以批判地回应一些质疑爱国的错误观点，同时间

---

① 习近平：《在欧美同学会成立100周年庆祝大会上的讲话》，2013年10月22日，《人民日报》，第2版。

接说明我们为什么要精忠报国。

有人认为,某些政府官员打着"爱国主义"的旗号谋求个人的利益,所以,我们可以不爱国。这个看法可以追溯到陈独秀早年的一种说法。1919年6月,陈独秀在《每周评论》上发表了《我们究竟应当不应当爱国?》一文,其中说:"恶国家甚于无国家⋯⋯我们爱的是国家,为人民谋幸福的国家,不是人民为国家做牺牲的国家。"[①]陈独秀所谓的"恶国家",是指政府腐败的国家。这句名言常常被用来支持"如果政府腐败,我们就可以不爱国"的观点。但这个观点是有失偏颇的。某些人作恶,不意味着我们也可以作恶。文天祥、史可法在面对南宋政府腐败的时候,没有放弃报国的雄心,而依旧努力抵御外敌。共产党在面对蒋介石政府腐败的时候,没有跟汪精卫一起与日本合作,而依旧选择跟蒋共同抵御日本的侵略。真正的爱国者应在面对政治腐败的时候,努力改良政治,而非放

史可法(1601—1645),字宪之,号道邻。明末抗清将领、民族英雄。早年考中进士,步入仕途,后转平各地叛乱。北京城被攻陷后,史可法拥立明福王,继续与清军作战。1645年,清军大举围攻扬州城,史可法城破身死。南明朝廷谥之为"忠靖",清高宗追谥为"忠正"。其后人收其著作,编为《史忠正公集》。

弃爱国,即使"从臣皆半醉,天子正无愁"(李商隐),也不意味着我们可以"随其流而扬其波,哺其糟而啜其醨"。试想,若非如此,又怎会有今日之中国,有今日之进步呢?

还有人认为,因为祖国没有某些国家好,国民素质相对较低,所以祖国不值得爱。这种观点的另一种表述是:"要我们爱国,祖国首先必须可爱。"这种观点也经不起分析。以中国为例,首先,中国在某些方面的确没有某些国家好,某些人的素质的确相对较低,但将中国作为一个有几千年历史文化的整体看,说"中国没有某些国家好,国民素质相对较低",是没有任何根据的。中国历史上不断涌现出一群群光风霁月的思想家、文学家、政治家。某一个短的时段内,因为某些外在原因,国民素质可能相对不高,但不意味着中国人缺乏改进的能力。几千年的历史表明,中国人的耐力和潜力都非常强大。其次,即使中国

①　陈独秀:《我们究竟应当不应当爱国》,《每周评论》,1919年6月8日,第3版。

在某些方面没有某些国家好,某些人的国民素质相对较低,但并不意味着中国不值得我们爱。并非只有最好的才值得爱。正如钱穆所说:"人之父母,不必为世界最崇高之人物;人之所爱,不必为世界最美之典型,而无害其为父母,为所爱者"。① 我们应该爱自己的父母即使他们不是世界上最好的父母;同样,我们应该爱自己的祖国,即使她还有不如其他国家完美的地方。

(三)应当如何精忠报国

精忠报国重在行动。那么,我们应当怎样精忠报国呢?

首先,我们必须对祖国的历史和现状有切实的了解,对于祖国的优点和不足有清醒的认识。钱穆有一句话说得很好:"惟知之深,故爱之切。若一民族对以往历史无所了知,此必为无文化之民族。"②切实了解祖国的历史,可以帮助我们避免沙文主义。狂热的沙文主义者相信"凡是祖国的东西就一定更好"。英国著名作家萧伯纳对沙文主义版本的爱国主义有一段经典的讽刺:"除非你把爱国主义从人类中驱逐出去,否则你将永远不会拥有一个宁静的世界。爱国主义是一种有害的、精神错乱的白痴形式。爱国主义就是让你确信这个国家比所有其他的国家都要出色,只因为你生在这里。"沙文主义不可能使祖国繁荣昌盛,是真正爱国的人所反对的。

其次,我们要理性地爱国,从长远角度思考如何使祖国繁荣昌盛。急功近利地爱国,"爱之适足以害之"③。比如,中国近代史上的以"扶清灭洋"为宗旨的义和团运动,其捍卫国家主权、反对帝国主义侵略的精神虽然值得肯定,但并非是一种理性的爱国。因它虽然能够挫败敌人于一时,但导致了许多严重的后果,正如爱国主义者秋瑾所说:"义和拳酿成大祸难收拾,外洋的八国联军进北京。"邹容在《革命军》区分了"野蛮之革命"与"文明之革命",他说:"野蛮之革命有破坏,无建设,横暴恣睢,知足以造成恐怖之时代,如庚子之义和团,意大利加波拿里,为国民添祸乱。"④可见,徒有爱国情绪而不知如何理性地捍卫国家利益,不是真正的爱国。

---

① 钱穆:《国史大纲》,北京:商务印书馆,1991年,第2页
② 钱穆:《国史大纲》,北京:商务印书馆,1991年,第2页。
③ 班固:《汉书》(卷八十六),《何武王嘉师丹传第五十六》,北京:中华书局,1962年,第3497页。
④ 邹容著,冯小琴评注:《革命军》,北京:华夏出版社,2002年,第35页。

再次，我们在爱国的同时，要与其他国家和平共处，不可为了祖国的利益而掠夺或入侵他国。20世纪上半叶，日本为自己的利益，对许多国家发动了侵略战争。据相关研究，中国约有900万平民死于战火，另有800万平民死于战争引起的其他因素，9500万人成为难民。发动战争的日本政客与军官都自居为"爱国主义者"。但这种"爱国主义"，正如著名社会心理学家埃里希·弗罗姆所说，将自己的国家置于人道之上，置于正义与真理的原则之上。它虽然能让自己的国家获得利益，但绝不会赢得其他国家的尊敬。真正的爱国者，在优先考虑祖国利益的同时，也会兼顾其他国家的利益。

最后，我们要学习爱国英雄的事迹，从英雄人物的言行举止中感受他们精忠报国的精神。爱国英雄不仅仅包括历史上为国捐躯的著名人物，也包括在和平时期为国家无私奉献的人。例如，吉林大学黄大年教授2009年放弃国外优越条件回到祖国，"什么职务也不要，就想为祖国做些事"。他时

秋瑾（1875—1907），初名闺瑾，乳名玉姑，自称鉴湖女侠。中国女权和女学思想的倡导者，近代民主革命志士。曾自费东渡日本留学，积极投身反清革命，先后参加过三合会、光复会、同盟会等革命组织，联络会党计划响应萍浏醴起义未果。1907年，她与徐锡麟等组织光复军，拟于7月6日在浙江、安徽同时起义，事泄被捕。7月15日从容就义于绍兴轩亭口，年仅32岁。

常在地质宫工作到后半夜；地质宫翻修漏雨时，他边写报告，边捧着垃圾桶接雨。因为过度劳累，他数次出现昏倒和痉挛的情况，但他仍坚持工作，希望通过自己的努力，让中国成为在国际上真正具有竞争力的、掌握高精尖技术的国家。他曾说："我们虽然努力了，但还很不够。我是活一天赚一天，哪天倒下，就地掩埋。"除了黄大年这类的杰出科学家之外，还有一些默默为国家奉献的普通人，比如奋斗在抗洪抢险一线的长沙环卫工人刘新娥。据媒体报道，2017年的一日清晨，刘新娥像以往一样在浏阳河大道沿线清扫，时至8点多，大雨倾盆，她本想走到一座桥底下避雨，却发现桥底下积水严重，并且有一井盖被水冲开。刘新娥当时只有一个念头："千万别让行人掉进去了、车陷进去了。"她于是一边打电话报告环卫所，一边顶着暴雨、拖着环卫车拦在井盖旁指挥过往行人与车辆绕行。刘新娥这样的普通人，用自己的行为真切地诠释了什么是为国家服务。

2015 年 12 月 30 日,十八届中共中央政治局就中华民族爱国主义精神的历史形成和发展进行第二十九次集体学习,习近平总书记在主持学习时指出:"爱国主义是中华民族精神的核心。爱国主义精神深深植根于中华民族心中,是中华民族的精神基因,维系着华夏大地上各个民族的团结统一,激励着一代又一代中华儿女为祖国发展繁荣而不懈奋斗。5000 多年来,中华民族之所以能够经受住无数难以想象的风险和考验,始终保持旺盛生命力,生生不息,薪火相传,同中华民族有深厚持久的爱国主义传统是密不可分的。"①习近平总书记强调,弘扬爱国主义精神,必须把爱国主义教育作为永恒主题,同时为新时代弘扬爱国主义精神给出了四条重要指导意见,即必须坚持爱国主义和社会主义相统一、必须维护祖国统一和民族团结、必须尊重和传承中华民族历史和文化、必须坚持立足民族又面向世界。②

---

① 《习近平在中共中央政治局第二十九次集体学习时强调:大力弘扬爱国主义精神,为实现中国梦提供精神支柱》,《人民日报》,2015 年 12 月 31 日,第 1 版。
② 《习近平在中共中央政治局第二十九次集体学习时强调:大力弘扬爱国主义精神,为实现中国梦提供精神支柱》,《人民日报》,2015 年 12 月 31 日,第 1 版。

第十一节

以民为本

以民为本是中国传统政治价值的核心，两千年来，一直影响着中国政治制度的设计和中国政治人物的言行。然而，在中国以更加开放的姿态学习、借鉴西方政治文明的过程中，这个价值观却遭到了一些现代学者的质疑。20世纪90年代，就有观点认为："在民本思想中，君主仍是民众的主人，强调民本，目的是希望封建君主正视民众，以求得专制制度的长治久安，是在更高层次上肯定封建专制制度，因而和欧洲近代的民主思想在本质上是根本不同的。"[1]这种观点可追溯到五四运动时期的陈独秀。当时，中国思想界围绕中西方文化包括政治文化进行了激烈争论。陈独秀在《再质问〈东方杂志〉记者》一文中说，如果"仍以古时之民本主义为现代之民主主义，是所谓蒙马以虎皮耳，换汤不换药耳"[2]。陈独秀等人的说法能成立吗？如果不能成立，为什么？在当今社会，我们又应该如何践行以民为本的政治价值？我们将通过分析"以民为本"的内涵来回答这些问题。

---

[1]　王章惠中主编：《中国近现代社会思潮辞典》，南京：南京大学出版社，1996年，第287页。
[2]　陈独秀：《再质问〈东方杂志〉记者》，《新青年》，1919年第6卷第2期，第156页。

（一）什么是以民为本

汉文帝，刘恒（公元前203—公元前157），汉高祖刘邦第四子，西汉第五位皇帝。汉文帝在位时励精图治，兴修水利，衣着朴素，废除肉刑，使汉朝进入强盛安定的时期，百姓富裕，天下小康。对待诸侯王，采取以德服人的态度。汉文帝与其子汉景帝统治时期被合称为"文景之治"。

据《尚书》记载，夏朝的君主太康被后羿打败，他的五个弟弟各自作了一首诗歌，其中一首说："皇祖有训，民可近，不可下。民惟邦本，本固邦宁。"①意思是说，民可以亲近，不可以轻贱，民是国家的根基，民心安稳国家才能安宁。先秦诸子几乎都认识到以民为本的重要性。比如，《管子》记载齐桓公问管仲："敢问何谓其本？"管子回答说："齐国百姓，公之本也。"②孟子的说法则更为直接，他说："民为贵，社稷次之，君为轻。"③这一观点对后来的中国政治家与知识分子有着深远的影响。以汉文帝为例，在他之前，一人犯法，会被处以肉刑（比如割鼻子、挖眼睛），犯重法的不但自己会被判处死刑，还会株连整个家族。汉文帝觉得这种刑法对百姓太不人道，因此废除了肉刑和连坐法。同时，汉文帝也废除了法令中

"诽谤朝廷妖言惑众"以及"百姓批评朝政有罪"的罪状。临死之前，他留下遗嘱：不许搞全国吊唁，不许百姓为自己发丧。他还曾下罪己诏，向天下忏悔自己的过错，说："朕下不能理育群生，上以累三光之明，其不德大矣。令至，其悉思朕之过失，及知见思之所不及，匄以告朕。及举贤良方正能直言极谏者，以匡朕之不逮。"④汉文帝一生的言行均表明他是政治家中以民为本的典范。

　　在这样的文化传统下，中国近现代诸多具有深远历史影响的革命先行者、政治家都以

① 孔安国传，孔颖达正义：《尚书正义》，上海：上海古籍出版社，2007年，第264页。
② 黎翔凤撰，梁运华整理：《管子校注》（卷九），《霸形第二十二》，北京：中华书局，2004年，第453页。
③ 朱熹：《四书章句集注》，北京：中华书局，1983年，第367页。
④ 司马迁：《史记》（卷十），《孝文本纪第十》，北京：中华书局，1959年，第422页。

某种方式继承了民本主义传统。近代孙中山所创立的"三民主义"、毛泽东的"全心全意为人民服务"、邓小平的"一切以人民利益作为每一个共产党员的最高准绳"等政治主张,都可以看作对民本主义传统的传承。

具体分析,中国历史上有两种民本思想。第一种认为人民是最终目的,即人民是自君主以下各级官员服务的对象。也就是说,君主和各级官员的目标不是追求自我利益,无论是长期还是短期的。相反,他们的目标是竭尽所能帮助人民过更好的生活。这种观点可以称为"作为目的的民本主义"。第二种认为君主是最终目的,人民和各级官员都是为君主服务的。之所以说人民是国家的根本,是因为没有人民的支持,君主的权力与利益无法维持。换言之,如果君主目光短浅,在追求自我利益时丝毫不顾虑人民的生活,那么人民会发动革命,推翻君主。君主要长远地保证自己的利益,必须以人民为根本。这种观点可以称为"作为必要手段的民本主义"。

孙中山(1866—1925),名文,字载之,号日新,又号逸仙。他是中国近代民族民主主义革命的开拓者,中国民主革命伟大先行者。中国共产党领导的新民主主义革命是孙中山开辟的革命事业的继承者。1956年在纪念孙中山诞辰90周年时,毛泽东就指出:"现代中国人,除了一小撮反动分子以外,都是孙先生革命事业的继承者。我们完成了孙先生没有完成的民主革命,并且把这个革命发展为社会主义革命。"

中国古代思想史语境中的以民为本,主要是作为目的的民本主义,而非作为必要手段的民本主义。孟子说:"民为贵,社稷次之,君为轻。"意指民贵君轻,百姓才是最重要的。孟子还区分了王道与霸道:"以力假仁者霸,霸必有大国;以德行仁者王,王不待大,汤以七十里,文王以百里。以力服人者,非心服也,力不赡也;以德服人者,中心悦而诚服也,如七十子之服孔子也。"①所谓"以力假仁"就是打着仁民爱物的旗号——即把人民当作手段——实现自己的霸业;所谓"以德行仁",就是以人民为目的:"行一不义、杀一不辜而得天下,皆不为也。"(《孟子·公孙丑上》)孟子反复宣

扫一扫
看 MooC

_____

① 朱熹:《四书章句集注》,北京:中华书局,1983年,第235页。

扬的是把人民当作目的而非谋取自己权力与利益手段的民本主义,在他看来,只有真正将人民当作目的,放在中心位置,才能以德服人,让人真正心悦诚服。

墨子和韩非子也有把人民当作目的的民本主义思想。《墨子》说:"古者天之始生民未有正长也……是以厚者有斗而薄者有争。是故天下之欲同一天下之义也,是故选择贤者,立为天子。"①这是说,天子是为了帮助老百姓解决纠纷而存在的。《韩非子》说:"上古之世,人民少而禽兽众,人民不胜禽兽虫蛇。有圣人作,构木为巢,以避群害,而民悦之,使王天下,号曰有巢氏。民食果蓏蚌蛤,腥臊恶臭而伤害腹胃,民多疾病;有圣人作,钻燧取火以化腥臊,而民说之,使王天下,号之曰燧人氏。中古之世,天下大水,而鲧、禹决渎。近古之世,桀、纣暴乱,而汤、武征伐。"②韩非子和墨子一样,都认为君主之所以存在,是为了帮助人民解决问题的,而不是为了让人民顺从、奉养自己。

(二) 为什么要以民为本

在分析了"民本"的概念后,我们就可以批判地回应一些质疑以民为本的观点,从而说明为什么要以民为本。

如前已述,有人不赞成中国古代的民本主义,认为"强调民本,目的是希望封建君主正视民众,以求得专制制度的长治久安"。这种看法忽略了民本主义有两种不同的版本:其一,作为目的的民本主义;其二,作为必要手段的民本主义。第二个版本才是求得专制制度的长治久安。中国古代的思想家如孟子、墨子、韩非子,提倡的都是第一个版本,即作为目的的民本主义。

其次,对于民本主义两个不同版本的区分,有利于发现一些学者在论述民本主义时走向了另一个极端。有人认为,"对传统中国而言,君主主义是官本主义的最高形态,专制主义是官本主义的典型特征,民本主义则是对抗专制主义的政治理想"。③ 然而,作为必要

---

① 吴毓江撰,孙启治点校:《墨子校注》(卷三),《尚同下第十三》,北京:中华书局,1993 年,第 138 页。

② 王先慎撰,钟哲点校:《韩非子集解》(卷第十九),《五蠹第四十九》,北京:中华书局,1998 年,第 442 页。

③ 俞可平:《官本主义引论——对中国传统社会的一种政治学反思》,《人民论坛·学术前沿》,2013 年 09 期,第 52—60 页。

手段的民本主义并不对抗专制主义，反而是巩固专制主义的一剂良方。作为目的的民本主义才是抵制专制主义的一剂良方。

需要指出的是，在中国古代，即便只是作为必要手段的民本主义，在客观上也会对人民有利。比如，孟子在劝说各国君主时，虽多数时候将以民为本作为目的，但他并不排斥将民本主义作为手段使用。比如孟子说："天子不仁，不保四海；诸侯不仁，不保社稷；卿大夫不仁，不保宗庙。"①又说："不以尧之所以治民治民，贼其民者也。暴其民甚，则身弑国亡。……暴其民甚，则身弑国亡；不甚，则身危国削。"②这些思想都是在强调：不以民为本，君主的地位和生命都会丧

魏徵（580—643），字玄成，唐朝政治家、思想家、文学家和史学家，因直言进谏，辅佐唐太宗共同创建"贞观之治"的大业，被后人称为"一代名相"。

失。再比如，《荀子》记孔子对鲁哀公说："君者，舟也；庶人者，水也。水则载舟，水则覆舟，君以此思危，则危将焉而不至矣？"③意指民如水，君如舟，水能载舟，亦能覆舟，因此，国君当以人民为重，才不会发生被人民推翻的危机。"水能载舟，亦能覆舟"这句话后来也被唐朝的魏徵多次引用，以向唐太宗进谏。就"水能载舟，亦能覆舟"的内容本身而言，也是把人民当手段的民本主义。但不可否认，在封建专制时代，客观而言，这种作为必要手段的民本主义还是起到了敦促君主重视人民、以民为本的效果。

（三）如何践行以民为本的理念

时代不同，践行以民为本理念的方式方法也不同。在当前时期，应该提倡的是以人民为目的的民本主义。要最好地为人民服务，需要贯彻毛泽东反复强调的"群众路线"：一切为了群众，一切依靠群众，从群众中来，到群众中去。然而，在现实工作中，有些领导干部

---

① 朱熹：《四书章句集注》，北京：中华书局，1983年，第277页。
② 朱熹：《四书章句集注》，北京：中华书局，1983年，第277页。
③ 王先谦撰，沈啸寰、王星贤点校：《荀子集解》（卷二十），《哀公篇第三十一》，北京：中华书局，2013年，第642页。

并没有能够很好地践行"群众路线",违背了为人民服务的宗旨,因而颇受诟病。比如,有些领导干部下基层调研却称为"莅临指导",调研走过场、搞形式主义,把调研现场变成了"秀场";只与下级单位的领导"亲切"交谈,而不深入群众,听取群众意见,帮助群众解决问题,群众只能在媒体的报道中知道领导干部曾经来过;开展工作只注重打造领导"可视范围"内的项目工程,"不怕群众不满意,就怕领导不注意",等等。这些都完全背离了"群众路线",是不可取的。在当下中国,要真正践行"群众路线",真正做到以人为本,必须向习近平总书记提出的那样:"时刻把群众安危冷暖放在心上,及时准确了解群众所思、所盼、所忧、所急,把群众工作做实、做深、做细、做透。"①

需要注意的是,"群众路线"与以"赢得民心"为目标的民粹主义不同。② 有一种说法认为,要做到以民为本,关键是赢得民心。孟子曰:"得其民有道:得其心,斯得民矣;得其心有道:所欲与之聚之,所恶勿施,尔也。"③《大学》里也有类似的思想:"民之所好好之,民之所恶恶之,此之谓民之父母。"④《孟子》和《大学》这两段话作为劝君主善待人民的策略之言,并无不妥。但就其所说的内容本身而言,可商讨之处甚多。比如韩非子就提出了针锋相对的看法,他说:"今不知治者必曰:'得民之心'。……民智之不可用,犹婴儿之心也。……婴儿不知犯其所小苦致其所大利也。"⑤

韩非子说"民智犹婴儿之心",有小瞧民众之嫌,毕竟,在许多问题上,群众的眼睛的确是雪亮的。但不可否认,在某些重大问题上,正如韩非子所说,群众可能只顾一时的眼前利益,而看不到长远的利益,做出错误的判断。孟子所谓的"得民心之道",出发点虽然好,却容易流向完全迎合民众好恶的民粹主义。我们要谨防民粹主义。因为从长远来看,它会伤害人民的利益。此外,说"得民心者得天下",是迎合君主的私利而言的,因为其目的是"得天下"——得到最高的权力与最多的利益,得民心只是实现这个目的的手段。这还

---

① 习近平:《全面贯彻落实党的十八大精神要突出抓好六个方面工作》,《求是》,2013 年第 1 期,第 6 页。
② 民粹主义意指平民论者所拥护的政治与经济理念。该理念拥护平民掌控政治,反对精英或贵族掌控政治。
③ 朱熹:《四书章句集注》,北京:中华书局,1983 年,第 280 页。
④ 朱熹:《四书章句集注》,北京:中华书局,1983 年,第 10 页。
⑤ 王先慎撰,钟哲点校:《韩非子集解》(卷第十九),《显学第五十》,北京:中华书局,1998 年,第 463 页。

是一种作为必要手段的民本主义,而不是"为人民服务"。

要为人民服务,不仅仅是帮助人民解决物质生活的问题,还要注重人民精神文化需要的满足。《论语·子路篇》记载:"子适卫,冉有仆。子曰:'庶矣哉!'冉有曰:'既庶矣,又何加焉?'曰:'富之!'曰:'既富矣,又何加焉?'曰:'教之!'"①孔子觉得让人民富庶还不够,还要让人民受到良好的教育。过去我们太注重经济发展,虽然也讲"精神文明建设",但实际重视得并不够,导致政府腐败严重,社会上产生了很多不良的风气,甚至一度引发了人民对政府的信任危机。2017年10月18日,习近平总书记在中国共产党第十九次代表大会上报告提出:"中国特色社会主义进入新时代,我国社会主要矛盾已经转化为人民日益增长的美好生活需要和不平衡不充分的发展之间的矛盾。"②在中国特色社会主义进入新时代的今天,为人民服务也应当立足于这一社会主要矛盾的转化,及时做出合乎时代潮流、顺应人民意愿的调整,即不仅要注重提高人民的经济能力和物质文化生活水平,还要特别注重政治、文化、社会、道德、生态等文明的建设,从而更好地满足人民群众在民主、法治、公平、正义、安全、环境等方面的需要。唯有如此,才能真正做到不忘初心,方得始终。

---

① 朱熹:《四书章句集注》,北京:中华书局,1983年,第143页。
② 《决胜全面建成小康社会,夺取新时代中国特色社会主义伟大胜利——在中国共产党第十九次全国代表大会上的报告》,《人民日报》,2017年10月28日,第1版。

第十二节
天下大同

天下大同,是中国古代思想家眼中最高的政治理想。但是,这个政治理想,最近却受到一些人的质疑。比如著名作家李敖说:"我们世界一家,四海之内皆兄弟,好不好? 好。做到做不到? 做不到。……行不通的时候,你先把民族主义、国家主义丢掉了,就先选择个世界主义,什么结果呢? 被人家打得满街跑。"2015 年诺贝尔经济学奖得主安格斯·迪顿在其著作《胜利大逃亡》中也反对天下大同。他认为,公民地位包含着我们不与其他国家的国民共享的各种权利和责任,但"天下大同"的哲学却忽略了我们对同胞公民的一切特殊义务。李敖和迪顿的说法能成立吗? 如果不能成立,为什么? 在当今社会,我们又应该如何践行天下大同的精神? 我们将通过分析"天下大同"的内涵来回答这些问题。

《胜利大逃亡》及其作者安格斯·迪顿

　　安格斯·迪顿（Angus Stewart Deaton），微观经济学家，剑桥大学博士，美国经济协会（AEA）前主席，现为普林斯顿大学经济系讲座教授。2015 年获得诺贝尔经济学奖，表彰他在消费、贫穷与福利方面的研究贡献。他在《胜利大逃亡：健康、财富与不平等起源》中认为，"一个好的政府需要和当地人民和国家之间达成一份契约，而外国援助瓦解了这种契约，因为维持这个政府的经济来源不是来自国内。"

（一）什么是天下大同

　　"大同"二字，首见于《礼记·礼运·大同章》："大道之行也，天下为公……故外户而不闭，是谓大同"，意指大道得行、人人为公、和乐融融的理想世界。天下大同的思想可以追溯到《论语》，《论语》中讲"四海之内皆兄弟也"，就是一种大同主义。不唯儒家，墨家提倡的兼爱，也是天下大同的一种形式。后来的中国知识分子或多或少地继承了大同的政治理想。中国宋朝的哲学家张载在《西铭》中对天下大同的理想给出了形而上学的辩护："乾称父，坤称母；予兹藐焉，乃浑然中处。故天地之塞，吾其体；天地之帅，吾其性。民吾同胞，物吾与也。"这一段话，后来被总结成"民胞物与"四个字。

扫一扫
看 MooC

张载,字子厚,世称横渠先生,北宋思想家、教育家、理学创始人之一。张载青年时喜论兵法,后求之于儒家"六经"。辞官后,讲学关中,故其学派称为"关学"。

　　近代以来,由于受到西方社会主义思潮的影响,传统的天下大同思想被更加突出地表现出来。著名政治改革家和思想家康有为曾撰《大同书》,提倡"政治民主,人人平等;经济公有,人无私产;社会和谐,无家无国"①。中国革命的先行者孙中山也说:"三民主义,吾党所宗,以建民国,以进大同。"②

　　当今世界所讨论的"命运共同体",是"天下大同"随着时代的发展而演化出来的一个版本。"命运共同体"一词最早出自2011年《中国的和平发展》白皮书,意指"在追求本国利益的同时兼顾他国的合理关切,在谋求本国的发展中促进各国共同发展"③。习近平2017年1月18日在日内瓦召开的"共商共筑人类命运共同体"会议上说:"人类正处在大发展大变革大调整时期,也正处在一个挑战层出不穷、风险日益增多的时代。中国方案是:构建人类命运共同体,实现共赢共享。"④这是"天下大同"思想的当代版。

<hr>

① 参见康有为撰,姜义华、张荣华编校:《康有为全集》(第七集),《大同书》,北京:人民大学出版社,2007年。
② 《孙中山全集》(第十卷),《陆军军官学校训词》,北京:中华书局,1986年,第300页。
③ 国务院新闻办公室:《中国的和平发展》,《人民日报(海外版)》,2011年9月7日,第2版。
④ 习近平:《共同构建人类命运共同体——在联合国日内瓦总部的演讲》,《人民日报》,2017年1月20日,第2版。

天下大同,作为一种理想,并不是指立刻取消国家。天下大同的核心思想是世界上所有人都平等、和谐地相处。马克思主义者认为,要实现这个目标,需要取消私有制,取消家庭制度,取消国与国之间的界别。这是一个崇高的理想。但在我们的时代,生产力发展尚未达到很高水平,不适合取消私有制,取消家庭制度,取消国与国之间的界别。但是,这并不意味着我们不应该向天下大同的目标努力。在既有的生产关系与社会制度下,我们可以努力促进不同的国家和民族和平共处与共同繁荣。

根据以上的分析,至少在现阶段,天下大同与爱国主义并不互相冲突,即天下大同并不否定对自己的同胞和祖国有特别的责任。这意味着可以在优先考虑自己的国家和民族利益的同时,推动世界的平等与和谐。

在澄清"天下大同"内涵的基础上,我们便可以进一步批判性地回应以下观点。

康有为(1858—1927),人称康南海,中国晚清时期重要的政治家、思想家、教育家,资产阶级改良主义的代表人物,积极倡导维新运动。1891年,在广州设立万木草堂,收徒讲学。1895年,得知《马关条约》签订,联合1300多名举人上万言书,史称"公车上书"。1898年开始戊戌变法,实行裁撤冗官,废除八股,开放言论等改良政策。

首先,有些人认为,世界主义与民族主义、国家主义是相冲突的,因而是不可行的,如开篇提到的李敖和迪顿的观点。一方面,我们必须承认,李敖和迪顿的说法有一定道理:世界主义作为一种理想,的确与民族主义、国家主义不完全兼容。但另一方面,我们必须看到,"天下大同"本身内蕴两重内涵:其一,是作为理想境界的社会形态;其二,是代表平等、和谐的价值追求。作为理想境界的社会形态达成需要高度发达的生产力水平作为支撑,而如上所述,当前的生产力发展尚未达到超越民族主义和国家主义、迈入世界主义和天下大同境界的水平,故而"天下大同"的追求与"民族主义"、"国家主义"在当下呈现出了不相兼容的表征。但作为代表平衡、和谐的价值追求,"天下大同"的理念早在中国古代就已显示出了它对内亲仁善治、对外协和万邦的政治价值,中华民族传承至今的"天下大同"理念也并未消解周边民族、国家的特色;即便是作为其在当代社会的演化的"人类命运共同体",强调的亦是在追求本国利益的同时兼顾他国合理关切,一起应对人类共同的挑战。

可见,天下大同的价值理念并不与适当的民族主义、国家主义相矛盾,代表平等与和谐这两个价值理念的"天下大同"也并未忽略或否定我们对同胞公民应尽的一切特殊义务。李敖和迪顿观点的偏颇之处在于,二人没有把作为理想的"天下大同"和代表平等与和谐这两个价值理念的"天下大同"区分开来。

其次,有一些反对天下大同的人认为,把自己的国家管理好就行。只要其他国家不干涉本国的内政,我们就没有必要去关心其他国家的人是否过得好。以朝鲜为例。他们国内的人是否能平等和谐地共处,与我们无关;他们是否能与韩国、日本、美国平等和谐地共处,也与我们无关。然而,这种观点也经不住细致分析。这是因为:其一,我们今日所处的时代是一个全球化的时代,国家之间在方方面面相互关联、互相依赖,且越来越紧密。如果其他国家常年处在战乱或贫穷之中,很可能会影响到别国的发展。因此,从自己国家的长远利益出发,这种"各人自扫门前雪,莫管他人瓦上霜"的冷漠态度是不可取的。其二,从道德层面而言,我们对于每个人都有道德责任,无论他们的国籍和民族是什么,在力所能及的条件下,我们应该积极地帮助他人过得更平等、更和谐、更有尊严。

再次,在反驳天下大同的观点中,还有些人认为,只有当自己国家的每个人都过上幸福美满的生活时,才可以去支持其他国家。当许多同胞仍然处在贫穷之中,许多孩子无法受到良好的教育,许多老人得不到基本的医疗保障时,拿很多钱去资助其他国家,是爱慕虚荣的行为。这种说法犯了以偏概全的错误。国家层面的援助,是代表所有国民的援助。如果自己国民的平均收入高于另一个国家,那么在正常情况下,当别国有难时,就有道义的责任去帮助别国暂渡难关。当然,不可否认,国民的平均收入高不能代表每一位国民的收入都很高,在社会生产力尚不十分发达的当下,贫富差距的存在是一个不争的事实。但这并不能成为我们不助他人的理由。友爱互助,不仅仅适用于人与人的相处,也当适用于国家与国家之间的相处。否则,当本国遭难时,又如何期盼能得到别国的帮助呢?

(二)如何践行天下大同的理念

在现时代,我们应当如何促进天下大同?

首先,要学会尊重不同的风俗、制度、宗教。美国哈佛大学教授塞缪尔·P.亨廷顿(Samuel Huntington)在其《文明的冲突》中,提出"文明冲突将是未来冲突的主导模式"。很多人看到经济不发达地区的一些风俗、制度和宗教,立刻心生鄙夷,认为它们是无知野蛮的产物。还有些人则以居高临下的态度强迫别人按照自己地区的一些风俗、制度和宗教来生活。这些自大的心态容易招致敌意和冲突,非常不利于实现平等、和谐地共处的目标。当然,尊重不同的风俗、制度、宗教,不是说对于别人文化中的种族主义、奴隶制、暴力崇拜等元素也听之任之,而是说不能仅仅因为别人的风俗、制度、宗教与自己不同,就去鄙视、反对,甚至试图改造别人。对于别人文化的不合理因素,应该通过友善的对话和合作来努力使别人放弃。

《文明的冲突》及其作者塞缪尔·亨廷顿

　　《文明的冲突》作者塞缪尔·亨廷顿(1927—2008),美国当代著名的国际政治理论家。早年就读于耶鲁大学、芝加哥大学和哈佛大学,1951 年 23 岁时即获哈佛大学博士学位,留校任教长达 58 年,并先后在美国政府许多部门担任过公职或充当顾问,《外交政策》杂志发言人与主编之一。

　　1993 年夏,他在美国《外交》杂志上发表了文章,引起国际学术界普遍关注和争论。他认为,冷战后,世界格局的决定因素表现为七大或八大文明,即中华文明、日本文明、印度文明、伊斯兰文明、西方文明、东正教文明、拉美文明,还有可能存在的非洲文明。冷战后的世界,冲突的基本根源不再是意识形态,而是文化方面的差异,主宰全球的将是"文明的冲突"。

　　其次,要对世界各国的实际情况(特别是人民的实际生活状态)有深切的了解。这不但意味着要花些时间去阅读其他国家的历史和了解最近的新闻动态,还意味着我们要尽可能亲自去体验其他国家普通民众的具体生活。因为靠文字得到的知识虽然很重要,但对于大多数人而言,往往很难激起他们心中的正义感与同情心。由亲身体验得来的知识则常常是带着情感的:当亲眼看到其他人被贫穷、疾病、政治腐败等折磨时,内心的正义感与同情心很容易被点燃。这种正义感和同情心是"天下大同"最重要的基础。

　　再次,除了培养正义感、同情心和互相尊重的态度外,还需要建立一套制度来管控矛盾分歧。周恩来于 1953 年年底在会见印度代表团时提出的"和平共处五项原则",在国际上产生了重要影响,已为世界许多国家所接受,成为处理不同社会和政治制度国家之间相互关系的基本原则之一。[①] 1970 年第 25 届联合国大会通过的《关于各国依联合国宪章建立友好关系及合作的国际法原则宣言》和 1974 年第 6 届特别联大《关于建立新的国际经济秩序宣言》,都明确把"和平共处五项原则"包括在内。在新的时期,有必要以五项原则为基础,建立和完善一套详细的国际法规,以处理当前社会层出不穷的新挑战。

　　最后,要从积极的方面推进天下大同,特别是各国应加强经济合作,建设一个共同繁荣的世界。如习近平总书记所说,"主要经济体要加强宏观政策协调,维护世界贸易组织规则,支持开放、透明、包容、非歧视性的多边贸易体制,构建开放型世界经济"[②]。中国当前向各国推广的"一带一路"区域经济合作战略,目的在于与世界众多国家打造一个"政治互信、经济融合、文化包容的利益共同体、命运共同体和责任共同体"。各国之间的经济合作与融合,不但能帮助全球脱贫,而且能增进政治互信,促进文化交流,有助于世界变得更加和谐。

---

① 1953 年 12 月,中国政府同印度政府就两国在西藏地方的关系问题进行谈判,周恩来总理在会见印度代表团时第一次提出和平共处五项原则,即"互相尊重主权和领土完整,互不侵犯,互不干涉内政,平等互利,和平共处"。
② 《习近平出席"共商共筑人类命运共同体"高级别会议并发表主旨演讲》,《人民日报》,2017 年 1 月 20 日,第 1 版。

第十三节
勤俭廉政

廉政,是一种政治品格。勤俭,既是个人品格,也是政治品格。李商隐的《咏史》说:"历览前贤国与家,成由勤俭败由奢。"《大宋宣和遗事·元集》说:"常叹贤君务勤俭,深悲庸主事荒淫。"这些都是把"勤俭"当成一种政治品格。这里我们主要将勤俭廉政作为一种政治品格来讨论。在中华民族的文化传统里,勤俭廉政一直受到肯定和提倡。但最近几年,有些人对勤俭廉政提出了不同的看法。他们认为,在旧社会,勤俭廉政的确是美德;但在当今社会,它们已经不再是美德。因为勤俭会抵制消费,不利于社会经济的发展。同样,廉政也不是什么值得推崇的品德,因为腐败行为能加强官商的合作,有助于企业绕过官僚体制中的不合理规定,从而开展更有成效的经济投资活动。如何看待这些与众不同的观点呢? 勤俭、廉政真的过时了吗? 我们将通过分析"勤俭廉政"的内涵来回答这些问题,并进一步探讨在当今社会我们应该如何践行勤俭廉政的精神。

扫一扫
看 MooC

(一) 什么是勤俭廉政

"勤俭廉政"四个字,在中国早期的典籍中就已经出现了。"勤俭"最早出自《尚书·大禹谟》："克勤于邦，克俭于家。""廉"这个字在《楚辞》和《孟子》中都出现过。《楚辞·招魂》说："联幼清以廉洁兮。"《孟子·离娄下》说："可以取，可以无取；取，伤廉。""政"这个字也见于各种典籍。在《论语·颜渊》中，孔子对"政"下了一个规范性的定义："政者正也。子帅以正，孰敢不正？"就是说，政治的根本原则是公正无私。如果君主带头做到公正无私，其他人就不敢以权谋私了。

"勤俭廉政"的思想对于中国的政治有深远的影响。前面我们提到李商隐的《咏史》："历览前贤国与家，成由勤俭败由奢。"一般人在谈论一个朝代兴亡的原因时，会把"勤俭廉政"作为一个朝代兴盛的重要因素，而把它的反面——荒淫怠慢——作为一个朝代衰亡的主要因素。比如亡国之君夏桀、商纣、秦二世、汉灵帝、隋炀帝等，无一没有荒淫怠慢的记录；而开创盛世的君主，如汉文帝、唐太宗、宋太祖、明太祖等，都曾获过"勤俭廉政"的赞誉。毛泽东在一次谈话时提及，治国就是治吏。礼义廉耻，国之四维，四维不张，国将不国。如果一个个寡廉鲜耻、贪污无度、胡作非为而国家还没有办法惩治他们，那么天下一定大乱，老百姓一定要当李自成，国民党是这样，共产党也是这样。

作为一种政治德性，勤俭廉政的核心内涵是：以最小的花费和最公正的管理谋求人民长远利益的最大化。这个内涵包含两种价值：其一，最小的花费；其二，最公正的管理。具体说来，最小的花费意味着做一项工程，可以有多种方式，有些方式会花费很多金钱与资源，有些方式则可以节省很多金钱与资源。我们应该选择花费最少的那种方式，因为节省下来的金钱与资源可以用来做其他事，以保持社会的可持续发展。

这一点本来是常识，但很多人把勤俭与吝啬、抠门混为一谈。吝啬、抠门的人，我们称为"守财奴"。守财奴是拜金主义者，为了敛财而不择手段，把金钱当成人生唯一的终极目标。《大学》说："仁者以财发身，不仁者以身发财。"[1]守财奴"以身发财"，而不是"以财发身"。勤俭则不同，其目的虽在积累财富，但这并非是勤俭的最终目标。勤俭的最终目标是良好的生活，包含快乐、知识、友谊、亲情、道德等。作为一种政治德性，勤俭的最终目标是使人民过上良好生活。财富必须使用，并且使用得当，才能帮助人民实现良好生活。如果官员一味追求积累财富，不愿花费，就会阻碍人民实现良好的生活。

---

① 朱熹：《四书章句集注》，北京：中华书局，1983年，第12页。

《儒林外史》(清刻本)及其作者吴敬梓

　　吴敬梓(1701—1754),字敏轩,一字文木,号粒民,清朝小说家,著有《文木山房诗文集》、《文木山房诗说》等。其中最为著名的《儒林外史》成书于乾隆年间,全书五十六回,以写实主义描绘各类人士对于"功名富贵"的不同表现,对当时吏治的腐败、科举的弊端、礼教的虚伪等进行了深刻的批判和嘲讽。

　　中国古典小说《儒林外史》第五、六回中有一个主要人物,叫严大育。他是广东省高要县的 位监生,他有一个哥哥,是贡生。兄弟二人关系冷淡,分家时所得的田亩相同。但严监生因为过于节俭,家业要比严贡生殷实。严监生在临终之际,迟迟不肯断气,从被单里伸出两根指头,两位侄儿和奶妈均未能猜中其意图,最后他的侧室赵氏猜中:"爷,只有我能知道你的心事。你是为那灯盏里点的两茎灯草,不放心,恐费了油。"将灯里点的两茎灯草挑掉一茎,严监生这才肯断气。严监生临死之前要省油,不是因为这能让他人生的最后一刻变得更好,也不是因为这能帮助他的家人或朋友过得更好,而仅仅是因为他想节省一点钱。他至死都为了金钱活着。如果一个官员像严监生一样,只求为国家节省开支,而不问这种节省是否有助于改善人民的生活,那么他就只是一个守财官。

　　除了"最小的花费"外,勤俭廉政还涉及另一个重要的价值:最公正的管理。廉政不等同于不贪污。不贪污是廉政的一个必要条件,但并非充分条件。不贪污可能什么都不做,这是懒政。懒政不是廉政。正如李克强所说:"身在岗位不作为,拿着俸禄不干事,庸政懒政怠政,也是一种腐败。"①有些人,自己虽然不贪污,但仍以不公正的方式让某些人得利

---

① 李克强:《在国务院第三次廉政工作会议上的讲话》,《人民日报》,2015年2月28日,第2版。

（比如仅仅因为喜欢某个人就让他获得特殊的利益），这也不是廉政。廉政意味着公正的管理。历史上，公和廉通常是放在一起的。明代河北省无极县县令郭允礼《官箴》说："吏不畏吾严而畏吾廉，民不服吾能而服吾公；廉则吏不敢慢，公则民不敢欺；公生明，廉生威。"[①]意思是说，吏因官廉洁而不敢轻慢对待，民因官公正而不敢有所欺瞒，唯有廉洁公正，方是为官正道。

（二）为什么要勤俭廉政

在上一小节中，我们分析了"勤俭廉政"的概念。在这一小节，我们将根据上面的分析，来讨论一些质疑勤俭廉政的观点，从而间接地说明为什么要勤俭廉政。

开头我们提到，有人反对勤俭廉政，理由是勤俭廉政不利于经济的发展。美国佐治亚州立大学政治学教授魏德安（Andrew Wedeman）是研究中国腐败问题的专家，他认为，中国改革开放后，明显增多的腐败问题，并没有导致经济发展放缓乃至停滞，相反还刺激了增长。为此，有些人引用魏德安的观点为中国官员的腐败辩护。

《双重悖论》及其作者魏德安

魏德安（Andrew Wedeman），美国佐治亚州立大学政治学教授、中国研究中心主任，威尔逊国际学者中心基辛格中美关系研究所访问学者，15 年来一直研究中国的腐败问题，其 2014 年出版的《双重悖论》通过大量案例研究和数据分析，探讨了中国经济发展与腐败的关系，形成广泛影响。他认为，与亚洲其他国家的"结构性腐败"不同，中国拥有强大的国有经济部门。中国经济改革同时涉及国有资产市场化转变，资产的行政定价与市场价格之间存在巨大缺口，改革中出现的意外暴利的分配催生了腐败。

---

① 无极县地方志编纂委员会编：《无极县志》，北京：人民出版社，1993 年，第 704 页。

　　然而，根据我们前面对"勤俭廉政"的澄清，这个反对勤俭廉政的理由其实不能成立。首先，勤俭廉政作为一个政治德性，包含了"公正"这个重要的价值。有些制度方案，比如允许奴隶制，也许能促进经济的发展——据美国的历史学家罗伯特·威廉·福格尔(Robert William Fogel)研究，美国实行奴隶制的期间，经济高速发展，远超过后来的经济增长速度。但奴隶制违背了正义的原则，阻碍了人类道德文明的进步，不可实行。所以，不能仅仅因为某段特殊的历史时期内，勤俭廉政不利于经济的发展，就反对勤俭廉政。其次，勤俭廉政的最终目标是谋求人民长远利益的最大化。节省不是目的，而是谋求人民利益的手段。盲目地反对消费，不是真正的勤俭廉政。在不违背社会道德的前提下，如果一项举措不利于经济的发展，就会伤害了人民的利益，即使这项举措公正无私，并且可以节省很多金钱与资源。这种举措，不是勤俭廉政的官员应该做的。

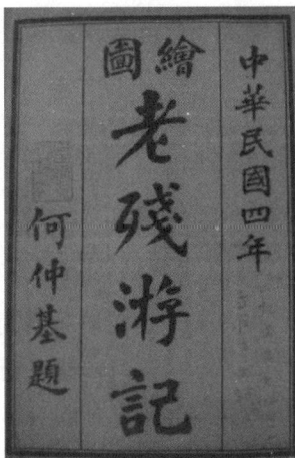

《老残游记》及其作者刘鹗

　　刘鹗(1857—1909)，清末小说家。其代表作《老残游记》是晚清四大谴责小说之一，流传甚广。小说以一位走方郎中老残的游历为主线，对社会矛盾开掘很深，尤其是他在书中敢于直斥清官误国，清官害民，独具慧眼地指出清官的昏庸常常比贪官更甚。

　　还有些人反对勤俭廉政，认为清官比贪官更可怕。他们认为，一个官员如果坚持廉洁不贪污，人性就会扭曲，对那些贪污的官员会更加深恶痛绝。一旦带有贪污嫌疑的罪犯落到清官手里，会被清官狠狠整治。所以历史上的清官多酷吏。在清朝的著名小说《老残游记》第六回中，作者刘鹗将小说中的酷吏玉贤与《史记·酷吏列传》中的酷吏们相提并论。在小说十八回中，刘鹗说："赃官可恨，人人知之；清官尤可恨，人多不知。盖赃官自知有病,不敢公然为非;清官则自以为不要钱,何所不可,刚愎自用,小则杀人,大则误国。吾人亲目所见,不知凡几矣。"①

这个反驳也不能成立。确实,历史上曾经出现过一些两袖清风但刚愎自用、昏聩残暴的官员。但我们在前面提到,清廉本身不是目的。之所以崇尚清廉,是因为它是确保公正的一个必要条件。罗尔斯说:"正义是社会制度的首要德性。"②如果贪污受贿,就必然会对某些人有偏向,不能秉公办事。但清廉不是确保公正的充分条件。要做到公正,如刘鹗所说,不可刚愎自用,要带着一颗仁慈之心去兼听各方的意见。总之,清廉不一定会公正,但不清廉通常都会不公正。我们不能因为某些清廉的官员心理变态就反对清廉,正如我们不能因为某些正常饮食的人心理变态,就反对正常饮食。此外,如果一个两袖清风的官员刚愎自用、昏聩残暴,势必伤害人民的长远利益,与勤俭廉政的最终目标相背离。因此,这样的官员并非真正具有勤俭廉政的德性。

(三)如何勤俭廉政

首先,要学会考虑长远利益,因为勤俭廉政的目的在于将来。哪些事应该勤做,哪些花费应该节俭,都需要深谋远虑。历史上有些政治人物,崇尚节俭,反对奢靡,也不徇私枉法,但所推行的一些政策对人民的长远利益并无帮助。以王莽为例,他是西汉外戚王氏家族的重要成员,族中之人多为高官,生活侈靡腐败,互相攀比。但王莽生活简朴,为人谦恭,勤于政事。然而,王莽推行的政策(如井田制)却不合时宜,并未使百姓蒙利,推行四年便导致民怨沸腾。

《晏子春秋·内篇·问篇》记载了齐景公与晏子的一段对话(晏子就是孔子提到的晏平仲,孔子说:"晏平仲善与人交,久而敬之。")。齐景公问晏子曰:"廉政而长久,其行何也?"晏子对曰:"其行水也。美哉水乎清清,其浊无不雩途,其清无不洒除,是以长久也。"公曰:"廉政而速亡,其行何也?"对曰:"其行石也。坚哉石乎落落,视之则坚,循之则坚,内外皆坚,无以为久,是以速亡

扫一扫
看引文

---

① 刘鹗:《老残游记》,北京:人民文学出版社,1957年,第182页。

② (美)约翰·罗尔斯:《正义论》,何怀宏、何包钢、廖申白译,北京:中国社会科学出版社,2009年,第4页。

也。"①晏子这里区分了两种廉政：一是像流水一样的廉政，能滋润百姓的生活；另一种则是像石头一样的廉政，将自己异想天开的政策向老百姓强硬地推行。这种廉政会伤害老百姓的利益，不可能长久。

其次，我们要学习勤俭廉政故事中的精神，而非模仿行迹。行迹总是相对于具体的社会环境而言的。古代生活水平不高、办公条件简陋，很多勤俭廉政的人——即使是政府官员——都过着非常清苦的生活。他们之所以能做到，是因为有一种强大的精神在支持他们，使他们认识到哪些是真正重要的，并坚定地去做重要之事。现今社会，我们要学习的是他们的精神。

最后，在新时期，要培养勤俭廉政的德性，不但各级官员要加强个人的自我修养，国家也要加强法律制度的建设。正如习近平在十八届中央纪委二次全会上说："不论什么人，不论其职务多高，只要触犯了党纪国法，都要受到严肃追究和严厉惩处。要加强对权力运行的制约和监督，把权力关进制度的笼子里，形成不敢腐的惩戒机制、不能腐的防范机制、不易腐的保障机制。"②

晏子（公元前 578 年—公元前 500 年），名婴，字仲，谥号"平"，春秋时期齐国著名政治家、思想家、外交家。以"节俭力行、善于荐贤、敢于直谏"和"数奉命出使诸侯，未尝屈辱"显名于诸侯。为人聪颖机智，能言善辩。内辅国政，屡谏齐王。对外既富有灵活性，又坚持原则性，捍卫了齐国的国格和国威。其思想以和同、民本、忠君、尚贤、以礼治国为核心。

---

① 吴则虞编著：《晏子春秋集释》，北京：中华书局，1962 年，第 284 页。
② 《习近平在十八届中央纪委二次全会上发表重要讲话强调：更加科学有效地防治腐败，坚定不移把反腐倡廉建设引向深入》，《人民日报》，2013 年 1 月 23 日，第 1 版。

第十四节

舍生取义

　　舍生取义,是中华民族的崇高美德之一。它不仅体现了勇敢的精神,而且蕴含了对人生意义的认识:人生的目的不仅仅是为了活着,因为有些东西具有比生命更重要的价值。然而,不少人却对舍生取义抱着质疑的态度。有人认为,我们不该为"义"而牺牲自己的生命,因为"义"的标准具有很大争议,比如儒家讲的"义"与其他宗教教义中的"义"不同。还有人认为,"舍生取义"的观念不合适推广,因为它容易被滥用,会带来灾难性的后果,比如恐怖主义者通过宣传"舍生取义"来鼓动别人进行自杀式袭击。这两个说法能成立吗?如果不能成立,为什么?在当今社会,我们又应该如何践行舍生取义的精神?我们将通过分析舍生取义的内涵来回答这些问题。

(一) 什么是舍生取义

　　儒家早期的经典首次把舍生取义作为一个核心价值提出来。《论语》记载孔子说:"志士仁人，无求生以害仁，有杀身以成仁。"①孟子对这个观点做了进一步的阐释："鱼，我所欲也；熊掌，亦我所欲也。二者不可得兼，舍鱼而取熊掌者也。生，亦我所欲也，义，亦我所欲也。二者不可得兼，舍生而取义者也。生亦我所欲，所欲有甚于生者，故不为苟得也；死亦我所恶，所恶有甚于死者，故患有所不辟也。"②

儒家所提倡的舍生取义，对后来中国人的道德实践有深远的影响。比如，战国时期，齐国人王蠋宁死也不肯向燕国人投降。据《史记·田单列传》记载，王蠋对燕国人说："齐王不听吾谏，故退而耕于野。国既破亡，吾不能存；今又劫之以兵为君将，是助桀为暴也。与其生而无义，固不如烹!"③后来的文天祥、史可法、谭嗣同、秋瑾、李大钊等许多著名与无名的人物，都有王蠋这种慷慨赴义的精神。

简而言之，舍生取义是在只有牺牲生命才能实现大义的情况下，为了大义而牺牲自己的生命。详而言之，可以分为以下几个层面。

首先，舍生取义只是说有比生命更重要的事，并不是否定生命的价值。相反，舍生取义之所以被认为是一个崇高的行为，正是因为生命本身具有很高的价值，每个人的生命都非常重要。如果生命不重要，那么舍生取义就不值得一说了。孟子说："莫非命也，顺受其正，是故知命者，不立乎岩墙之下。尽其道而死者，正命也。桎

管仲（约公元前 723—公元前 645），姬姓，管氏，名夷吾，字仲，谥敬，春秋时期法家代表人物，中国古代著名的经济学家、哲学家、政治家、军事家。齐桓公元年任齐相，在任内大兴改革，富国强兵。同时他也非常重视礼义教化的作用，认为礼、义、廉、耻是"国之四维"。他致力于发展经济，主张"案田而税"，并提出"仓廪实则知礼节"的口号。为了加强统治，他提倡"四民分居定业"。他反对专任刑罚，主张省刑慎罚。

扫一扫
看 MooC

① 朱熹：《四书章句集注》，北京：中华书局，1983 年，第 163 页。
② 朱熹：《四书章句集注》，北京：中华书局，1983 年，第 332 页。
③ 司马迁：《史记》（卷八十二），《田单列传第二十二》，北京：中华书局，1959 年，第 2457 页。

桎死者,非正命也。"①舍生取义,是尽其道而死,是正命。正命的人知道生命的重要性,不会立于危墙之下让自己枉死。据此,可以区分两种舍生取义的动机:一种人之所以能舍生取义,是因为他看轻生命或一心求死;另一种人则不同,他非常珍惜生命,之所以能舍生取义,是因为他看到只有通过"舍生"才能实现比生命更有价值的东西。显然,第二种人的舍生取义才值得赞美。

正是因为生命具有重要的价值,舍生取义才不是为了名利或小义、小德而牺牲生命。以管仲为例。他早年辅佐齐国的公子纠,与公子纠的兄弟公子小白为敌。公子小白继承王位后,运用外交手段杀了公子纠。管仲没有以身殉主,反而接受公子小白——即齐桓公——的聘请,做了齐国的国相。② 这件事当时遭到很多人批评,认为管仲非但缺乏舍生取义的精神,而且贪慕名位,是无耻之徒。《论语》里子贡和子路都曾就此事请教过孔子。子贡问:"管仲非仁者与? 桓公杀公子纠,不能死,又相之。"孔子回答:"管仲相桓公,霸诸侯,一匡天下,民到于今受其赐。微管仲,吾其披发左衽矣! 岂匹夫匹妇之为谅也,自经于沟渎而莫之知也!"子路问:"桓公杀公子纠,召忽死之,管仲不死。未仁乎?"孔子回答:"桓公九合诸侯,不以兵车,管仲之力也。如其仁,如其仁!"③孔子认为,管仲不必自杀以殉公子纠,因为对公子纠的忠诚是小义,保存中原文化,以比较和平的方式促进统一,是大义。管仲舍小义而就大义,不是那些愚昧的死士可以与之相比的。

此外,舍生取义不是说为了"大义"在任何情况下都值得牺牲生命。有时候,实现"大义"的途径有许多种,"舍生"并不是唯一的方法。在这种情况下,不需要舍生取义。孟子说:"可以死,可以无死,死伤勇。"④

(二) 为什么要舍生取义

在质疑舍生取义的观点中,有人认为:对于何为真正的道义,一直存在很大的争议。

---

① 朱熹:《四书章句集注》,北京:中华书局,1983 年,第 349—350 页。
② 参见《左传·庄公九年》:鲍叔师师来言曰:"子纠,亲也,请君讨之。管、召,仇也,请受而甘心焉。"乃杀子纠于生窦。召忽死之。管仲请囚,鲍叔受之,乃堂阜而税。归而以告曰:"管夷吾治于高傒,使相可也。"公从之。
③ 朱熹:《四书章句集注》,北京:中华书局,1983 年,第 153 页。
④ 朱熹:《四书章句集注》,北京:中华书局,1983 年,第 296 页。

也就是说,我认为显然是道义的事,在别人眼里可能并不符合道义,或者与道义无关。反之亦然。我永远无法排除自己犯错的可能,也无法排除他人犯错的可能。因此,我永远不应该为了我认为是道义的事而去牺牲宝贵的生命。英国哲学家罗素就曾说:"我不会为我的信仰而死,因为我的信仰可能是错误的。"[1]

这个反驳低估了道义的价值。不能因为某些人相信$1+1=3$,就怀疑$1+1=2$。同时,在有确定答案的某些价值议题上,在某些严峻的时刻是可以为合乎道义的事而牺牲宝贵的生命。

在质疑舍生取义的观点中,还有人认为:舍生取义尽管很崇高,却是危险的观念。也就是说如果要求人为大义而牺牲生命,会导致很多人因为错误的理由而死亡,原因在于很多人分不清大义与小义,或者误把错误的信仰当成大义,或者认识不到在某些情况下要实现大义,并不需要牺牲生命。换言之,舍生取义是一个一旦误解就会导致惨痛代价的道德要求,不适合推广。

这个反驳误解了舍生取义的道德性质。舍生取义是为了大义主动地牺牲自己的生命,而不是要求或逼迫他人为了大义而牺牲自己的生命。牺牲自己去拯救成千上万个生命,是高德,不是义务。一个人如果不愿意舍生取义,我们不应该以

伯特兰·罗素(Bertrand Russell,1872—1970),20世纪英国哲学家、数理逻辑学家、历史学家。代表作品有《幸福之路》《西方哲学史》《数学原理》《物的分析》等。他与怀特海合著的《数学原理》对逻辑学、数学、集合论、语言学和分析哲学有着巨大影响。1950年,罗素获得诺贝尔文学奖,以表彰其"多样且重要的作品,持续不断的追求人道主义理想和思想自由"。

任何形式强迫他。但如果他愿意舍生取义,则值得我们致以最高的敬意。举例说明,假设你看到一个人从船上失足堕入江中。你会游泳,但不太擅长,并且从未在大江里游过泳。如果你跳下去救,很可能会拯救那人的生命,但会牺牲自己。在这种情况下,如果你选择舍己救人,那是很崇高的行为;但如果选择不救人,也是可以接受的,他人不应指责你见死不救。

---

[1] 转引自 https://www.mindhave.com/mingrenmingyan/mingyanzheli/22205.html。

（三）如何培养舍生取义的精神

首先，要正确地认识舍生取义。没有正确的认识，勇敢会被错误地演绎成愚昧的死士或自鸣得意的懦夫。英国作家王尔德说："一个人为了某个事去死，并不能说明那件事正确的。"要有正确的认识，最好从历史人物的故事与哲学分析相结合的角度着手。

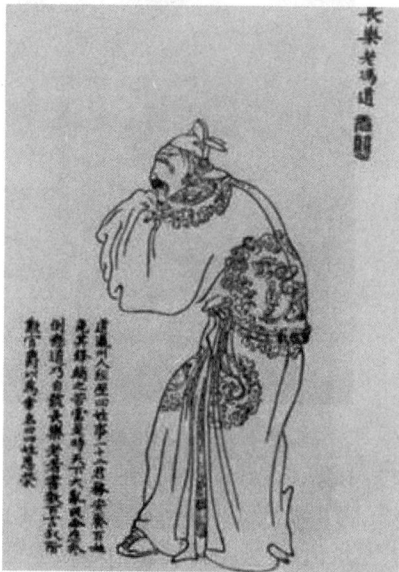

以五代的冯道为例，五代局面混乱，冯道历经四个姓氏的朝代，在十个皇帝手下做过大臣，以非凡的辩才和政治智慧阻挡了许多可能的战争与屠城，拯救了成千上万的生命。他晚年自号"长乐老"，写自传讲述自己传奇的一生，列举平生所担任的各种官职以及妻儿所获得的各种封赏，自认为是"上显祖宗，下光亲戚"。很多人骂冯道不能以身殉主，是没有气节的无耻之徒。比如欧阳修说："道视丧君亡国亦未尝以屑意。"司马光说："道之为相，历五朝、八姓，若逆旅之视过客，朝为仇敌，暮为君臣，易面变辞，曾无愧怍，大节如此，虽有小善，庸足称乎！"唐介说："道为宰相，使天下易四姓，身事十主，此得为纯臣乎？"但也有很多人赞美冯道。比如，王安石说："伊尹五就汤、五就桀者，正在安人而已，岂可亦谓之非纯臣也？"[①]并称冯道为"佛位中人"。苏东坡也说冯道"菩萨，再来人也"。李贽认为，冯道之所以"历事五季之耻"，是因为"不忍无辜之民日遭涂炭"（《焚书·卷五》）。通过了解冯道的经历以及历史上著名思想家对其案例的分析，可

冯道（882—954），字可道，号长乐老，五代宰相。冯道早年曾效力于燕王刘守光，历仕后唐、后晋、后汉、后周四朝，先后效力于后唐庄宗、后唐明宗、后唐闵帝、后唐末帝、后晋高祖、后晋出帝、后汉高祖、后汉隐帝、后周太祖、后周世宗十位皇帝，还曾向辽太宗称臣，始终担任将相、三公、三师之位。后世史学家出于忠君观念，对他非常不齿。欧阳修骂他"不知廉耻"，司马光更斥其为"奸臣之尤"。但他事亲济民、提携贤良，在五代时期却有"当世之士无贤愚，皆仰道为元老，而喜为之偏誉"的声望。

---

① 魏泰撰，李裕民点校：《东轩笔录》，北京：中华书局，1983年，第99页。

以更好地理解舍生取义的真正内涵。

其次,要培养浩然之气。有时候,虽然认识到牺牲生命是实现大义的唯一方式,有志于舍生取义,但临危则乱,无法做到,原因在于缺乏坚韧的道德品格,即孟子所说的"浩然之气"。孟子说:"吾善养吾浩然之气……其为气也,至大至刚;以直养而无害,则塞于天地之间。其为气也,配义与道;无是,馁也。是集义所生者,非义袭而取之也。"①如何养浩然之气呢?孟子认为,最重要的是"知言":"诐辞知其所蔽,淫辞知其所陷,邪辞知其所离,遁辞知其所穷。生于其心,害于其政;发于其政,害于其事。"②只有能辨别他人言辞的对错,才能做到真正的"不动心",培养出"虽千万人吾往矣"的大无畏精神。

最后,在新的时期,社会总体上和平有序,对于绝大多数人而言,并不需要为大义牺牲生命。在这种情况下,仍有必要继承和发扬舍生取义的精神,为了大义而不怕与恶势力做斗争,不怕被剥夺工作、丧失自由。比如,在见到某些在职的官员滥用职权,为自己、亲戚或门生谋求利益时,我们不可抱着"事不关己高高挂起"的冷漠态度,也不可抱着"这个社会本来就是不公正的"犬儒式心态,更不可去讨好贪官污吏或努力成为他们,以求"更好地适应这个社会"。相反,要勇于站出来,批评举报那些贪官污吏,捍卫人民的利益和社会的公正。

---

① 朱熹:《四书章句集注》,北京:中华书局,1983年,第231—232页。
② 朱熹:《四书章句集注》,北京:中华书局,1983年,第232—233页。

第十五节

仁爱孝悌

　　仁爱孝悌，是中国历史上获得最广泛认同的价值。孝悌是指家庭关系中的一种规范，仁爱则超出家庭，指我们对于其他人——包括陌生人——都要有同情心和爱心。对于大多数人来说，仁爱孝悌是做人的根本。然而最近几年，社会上出现了一些质疑的声音。有些人认为，"各人自扫门前雪，莫管他人瓦上霜"才是应对当下社会应有的态度，对于我们不了解、不熟悉的人，即使我们能够轻易地帮助他们，我们也不应该去做，因为他们可能是"碰瓷"的骗子。还有一些人认为，传统的"孝悌"提倡对父母和兄长的绝对敬爱，是非常不合理的，因为有一些父母和兄长自私愚蠢、人格低劣，并不值得我们去敬爱。比如，豆瓣上有一个著名的小组，叫"Anti-Parents 父母皆祸害小组"，目前成员有十几万人。他们的口号是："在尊重遵守社会伦理的前提下，抵御腐朽、无知、无理取闹父母的束缚和戕害"。

　　如何看待这些与众不同的观点呢？仁爱、孝悌真的是不切实际、不够合理的道德要求吗？ 在这一节中，我们将通过分析"仁爱孝悌"的内涵来回答这些问题，并进一步探讨在当今社会，我们应该如何践行仁爱孝悌。

（一）什么是仁爱孝悌

"仁爱孝悌"这几个字很早就出现了，但作为一种核心价值被提出来，首先见于儒家的经典《论语》。孔子及其弟子在《论语》中赋予"仁"的内涵非常丰富，但最根本的思想是："仁者爱人。"（《论语·颜渊篇》）孔子又说："能行五者（即恭、宽、信、敏、惠）于天下为仁。"（《论语·阳货》）这五种德行都是爱人的表现。我们最开始爱——通常也是最爱——的人是我们的家人。对于父母之特别的爱，称之为"孝"；对于兄长之特别的爱，称之为"悌"。《中庸》记载孔子说："仁者人也，亲亲为大。"《论语·学而篇》记载孔子的学生说："孝弟也者，其为仁之本与！"

孟子继承了孔子的这个思想。他认为，孝悌是仁爱之开端。单有开端还不够，还要扩充发展仁爱之心："老吾老以及人之老，幼吾幼以及人之幼。"孟子又说："君子所以异于人者，以其存心也。君子以仁存心，以礼存心。仁者爱人，有礼者敬人。"①

孔、孟的思想对后来中国的社会道德和制度设计都有深远的影响。社会道德方面，中国人讲"百善孝为先"，把道德典范称为"仁人君子"。制度设计方面，从汉朝的汉武帝开始，中国的统治者一直强调"以孝治天下"，目的在于使"天下归仁"，因为孝是仁的根本。好的政策被称为"仁政"，好的君主被称为"仁君"。

仁爱孝悌的核心是爱人。爱一个人，意味着按照适当的礼节或适当的原则去无私地帮助他，而不仅仅把他当作实现自己目的的手段。

首先，真正的爱人不是无原则地满足别人的需要，而是以适当的礼节去爱。以孝道为例。孝顺父母意味着敬爱父母，尽可能地帮助他们，但这不等同于无原则地讨好父母。《孔子家语·三恕第九》记载鲁国的君主曾问孔子："儿子总是顺从父亲的要求，算是孝吗？"孔子的学生子贡认为这算是孝。孔子不同意，说总是顺从父亲的要求，是小人行径。真正的孝子，要先看父亲的要求是否合理，再决定是否顺从。《孝经·谏净章》记载了类似的故事。孔子的学生曾子问孔子："敢问子从父之令，可谓孝乎？"子曰："是何言与！是何言与！……父有争子，则身不陷于不义。故当不义，则子不可以不争于父，臣不可以不争于君。故当不义则争之，从父之令，又焉得为孝乎？"这是说，父亲的要求并不一定合理；如

---

① 朱熹：《四书章句集注》，北京：中华书局，1983 年，第 298 页。

果不合理,顺从父亲的要求就是陷父亲于不义,不是孝子所为。①

莎士比亚与寒风中的李尔王

威廉·莎士比亚(William Shakespeare,1564—1616),英国文学史上最杰出的戏剧家,欧洲文艺复兴时期重要的作家。流传下来的作品包括 39 部戏剧、154 首十四行诗、两首长叙事诗。《李尔王》与《奥赛罗》《哈姆雷特》《麦克白》并称为莎士比亚的四大悲剧。故事来源于英国的一个古老传说,故事本身大约发生在 8 世纪左右。故事讲述了年事已高的国王李尔王退位后,被大女儿和二女儿赶到荒郊野外,成为法兰西皇后的三女儿率军救父,却被杀死,李尔王伤心地死在她身旁。(油画源自 Scene from King Lear, Louis Boulanger)

其次,仁爱孝悌不是实现自己利益的工具。很多人乐于助人,讨好父母,但动机却是自私的:他们希望从别人或父母那里获得更多的回馈,或者希望获得一定的社会名声,方便自己捞取更多的利益。莎士比亚的戏剧《李尔王》就讲述了这样一个故事:英国国王李尔有三个女儿。年老时,李尔宣称哪个女儿表现得最爱他,分得的封地就最大。长女高纳里尔和次女里根为求得最大的封地,都用甜言蜜语讨好父亲。唯独小女儿考狄利娅不为利益所动,讲了老实话,说“我爱你只是按照我的名分,一分不多,一分不少”。李尔年老昏聩,觉得小女儿不孝,一怒之下将她远嫁法国,把国土平分给了其他两个女儿,结果自己却受到这两个女儿冷漠的对待。老子说:“六亲不和,有孝慈。”批评的正是拿“孝慈”获取个人利益的那种虚伪。

---

① 《荀子·子道》中也有相似的观点。

(二) 为什么要仁爱孝悌

在质疑仁爱孝悌的观点中,有人反对仁爱,特别是对陌生人。原因在于我们无法排除他们是骗子。为了骗子牺牲自己的时间、精力或金钱,是一种愚蠢。

这个反驳有一些道理,但总体上并不能成立。对骗子,确实不应该仁爱,但并不是所有的陌生人都是骗子。的确,现实中无法排除"确有部分陌生人是骗子"的现象,但这与"有理由怀疑某个陌生人是骗子"是两回事。如果我们没有理由怀疑某个人有意欺骗,即使我们无法排除他是骗子的可能,我们也应该相信这个人。《孟子·万章上》:"昔者有馈生鱼于郑子产,子产使校人畜之池。校人烹之,反命曰:'始舍之圉圉焉,少则洋洋焉,攸然而逝。'子产曰:'得其所哉! 得其所哉!'校人出,曰:'孰谓子产智? 予既烹而食之,曰,得其所哉? 得其所哉。'故君子可欺以其方,难罔以非其道。"① 所谓"君子可欺以其方,难罔以非其道",是说君子可能会被人用合乎情理的说辞欺骗,但难以被违反道德的事情蒙蔽。陌生人合乎情理的说辞,君子不会去乱怀疑,正如胡适所说:"待人要在有疑处不疑。""凡是陌生都不应该帮助"是违背道德的,君了绝不会同意。

在质疑仁爱孝悌的观点中,还有些人反对传统的孝道,理由在于许多父母腐朽、无知、无理取闹。这个反驳仔细分析,也不能成立。首先,有些父母的确在某些事情上会有错误的想法与不理性的行为。但这不意味着我们可以不孝顺父母,正如父母不能因为孩子有些错误的想法与不理性的行为就可以不爱孩子。父母与子女之间要互相理解。理解不等于赞同。但理解能带来更多的体谅,比如一旦理解了父母的成长环境与教育背景,我们就能对父母的一些错误想法与不理性的行为有更多的体谅。其次,在子女看来是错误的想法与不理性的行为,不一定真的是错误与不理性的。父母在很多问题上,比我们见识广博,经验丰富。我们不能仅仅因为父母的看法与我们的不同,就宣称父母是"腐朽无知"的。相反,有时我们或许更应该反省一下自己的看法。《论语》记载孔子说:"事父母几谏,见志不从,又敬不违,劳而不怨。"② 即是说,既要有对父母的理解与体谅,也要有自我反

---

① 朱熹:《四书章句集注》,北京:中华书局,1983 年,第 304 页。

② 朱熹:《四书章句集注》,北京:中华书局,1983 年,第 73 页。

省,才能在父母拒绝听从自己意见的情况下,仍然对他们"敬而不违,劳而不怨"。

(三) 如何仁爱孝悌

首先,要通过理论分析,让更多的人正确认识仁爱孝悌。没有对仁爱孝悌的正确认识,会出现两种情况:一是反对仁爱孝悌,崇尚以自我为中心的生活;二是以错误的方式实践仁爱孝悌,或拿错误的标准去评判别人的行为。第二种情况危害尤其大。前段时间新闻报道"襄阳一女子帮朋友代考刚出校门就被带上警车",说的是在襄阳市全国中小学教师资格考试中,考生吴某请朋友高某帮忙代考,高某用自己的身份证混进了考场。据高某交代,她是随州人,在工作期间认识了吴某。吴某称,今天家里有急事儿,无法参加考试,便请高某代考。高某对吴某的帮助,不是真正的仁爱,因为这不但违背了道德原则,而且触犯了法律。真正的仁爱,不是帮助别人以不道德的方式牟取私利。

拿错误的"仁爱孝悌"标准去评判、规范别人的行为,也是贻害无穷。戴震说:"酷吏以法杀人,后儒以理杀人",[1]"人死于法,犹有怜之者,死于理,其谁怜之?"[2]戴震所谓的"以理杀人",是说用错误的道德规范去逼死人,比如"君要臣死,臣不得不死;父要子亡,子不得不亡"。如果社会上很多人坚持错误的道德规范,后果会非常严重。因此,真正的认识仁爱孝悌等道德规范,非常重要。

戴震(1724—1777),字东原,又字慎修,号杲溪,清代著名语言文字学家、哲学家、思想家。治学广博,音韵、文字、历算、地理无不精通,在对传统经典的考据和重新诠释的基础上建构了他义理之学的思想体系,批判了程朱理学"存理灭欲"的观点,肯定了个体存在的价值。其思想对晚清以来的学术思潮产生了深远影响。

其次,仁爱孝悌必须建立在对别人了解的基础上。要真正地帮助别人,必须了解别人的处境,知道别人的需要。如果不了解别人的处境和需要,只有一颗善心,则容易出现"扬

---

① 戴震:《戴震集》(文集卷九),《与某书》,上海:上海古籍出版社,2009年,第188页。
② 戴震:《孟子字义疏证》,北京:中华书局,1961年,第10页。

堁而弭尘，抱薪而救火”①的情况，给别人和自己制造麻烦，不但可能伤害到别人，也可能伤害到自己。有一位号称“孝子”的人，在母亲得病之后，不带母亲去正规的医院做检查，了解母亲的病情，却四处打探偏方，给母亲喂一些不但没有疗效反而加重病情的药，最后间接地杀死了母亲，这显然不是真正的孝。

此外，要通过历史上和现实生活中真实的故事，让更多人对仁爱孝悌有直观的感受。过去讲故事有一种情况要引起注意，即只讲正面的故事，不讲负面的故事。在讲正面的故事时，要避免将人物脸谱化、崇高化，使人觉得与自己的生活太遥远。讲故事时，要注意正面的故事与负面的故事一起讲，不但要讲“二十四孝”，也要讲历史上和现实中一些不孝的故事。在讲“二十四孝”时，要辨明故事的真伪，把一些实践孝道的错误方式（比如“埋儿奉母”）与正确方式区分开来。

《二十四孝》是中国古代宣扬儒家思想及孝道的一种通俗读物。据考证，元代郭守正（说郭居敬，另说是郭居业）将24位古人孝道的事辑录成书，并请人绘制插图《二十四孝图》流传世间。“二十四孝”包括孝感动天、戏彩娱亲、鹿乳奉亲、百里负米、啮指痛心、芦衣顺母、亲尝汤药、拾葚异器、埋儿奉母、卖身葬父、刻木事亲、涌泉跃鲤、怀橘遗亲、扇枕温衾、行佣供母、闻雷泣墓、哭竹生笋、卧冰求鲤、扼虎救父、恣蚊饱血、尝粪忧心、乳姑不怠、涤亲溺器、弃官寻母。

① 参见《淮南子·主术训》：不直之于本，而事之于末，譬犹扬堁而弭尘，抱薪以救火也。

第十六节
和而不同

扫一扫
看引文

　　"和而不同"是中华民族追求的一种重要的文化理念。西周末年周幽王的太史伯阳父在与郑伯讨论国政时断言西周"殆于必弊",其理由是周幽王在治国用人方面采取了"去和而取同"的错误原则,即排斥直言进谏的正人而信任与自己苟同的小人。后来的历史证明,西周果然灭在幽王手中。到了当代社会,以习近平总书记为代表的中国共产党人仍在不断强调"和而不同"的传统理念,可见,"和而不同"的文化理念至今仍有重要的政治、文化价值。那么,中国人是如何认识"和"与"同"的概念的? 为什么"和而不同"成为国人推崇的价值理念? 在今天的国家和社会发展中,这一理念是否仍有其积极意义? 这是本节所要讨论的问题。

(一) 和而不同的历史传统

　　"和而不同"这一传统价值理念,包含了古代先贤对事物发展规律的哲学思考和价值取向。这一原则长期以来为国人所推崇,并体现在治国理政、社会交往、个人修养的各个层面。

1. "和"的意义

"和"是一个古老的概念。《史记》载黄帝时"万国和"、尧帝时"百姓昭明,合和万国",①《尚书》中也有"百姓昭明,协和万邦"(《尚书·虞书·尧典》)、"庶政惟和,万国咸宁"(《尚书·周书·周官》)、"既和且平,依我磬声"(《诗经·商颂·那》)、"八音克谐,无相夺伦,神人以和"(《尚书·虞书·尧典》)等论述,其中"和"表达的是关系的和谐,包括声音之间的配合协调,以及神人关系、邦国关系、家庭关系的和谐等意思。

在中国传统思想中,"和"一直是很高的境界。《论语》中有子曾说:"礼之用,和为贵。先王之道,斯为美。"②表明历来先王的治世之道和礼仪用度皆以和为贵。《中庸》云:"喜怒哀乐之未发,谓之中;发而皆中节,谓之和。"③这是说在个人修养层面,情感的表达合乎礼节之规范,称为"和"。并称"致中和,天地位焉,万物育焉",认为个人的修养境界达到"中和"的地步后,就能与天地万物的变化相协调。孟子说"天时不如地利,地利不如人和",则强调了"人和"在社会政治和国家治理层面的重要性。道家思想也讲"和",比如《老子》说:"万物负阴而抱阳,冲气以为和",④就是说万物有阴阳之两面,但二者须通融、平衡才能达到和谐的境地,小到个人的身心、人际交往,大到国家政治莫不如是。又说大道"和其光,同其尘"⑤,可见作为最高范畴的"道"也具备"和"的特性。

2. 和与同的差别

"和"的观念与"同"是有差别的。古人推崇"同"的理念,可以墨子为代表。墨子认为古时天下之人各持己见,以彼为非,导致家庭、社会不和,天下之乱,至如禽兽。这就类似于英国哲学家霍布斯所设想的自然状态,社会中会发生"每一个人反对每个人的战争"。因此墨子主张人民效法其所属上级的是非标准作为行动的指导,最后统一于依"天志"所选定的人民的正长,也即国君。墨子认为如此就可避免欺凌、争夺,达到人人相爱、天下太平。墨子的思想是建立在其对于"天志"的理想主义的设定上的,缺乏真正实践的基础,更多的只是一种空想。

---

① 司马迁:《史记》(卷一),《五帝本纪第一》,北京:中华书局,1959年,第15页。
② 朱熹:《四书章句集注》,北京:中华书局,1983年,第51页。
③ 朱熹:《四书章句集注》,北京:中华书局,1983年,第18页。
④ 王弼注,楼宇烈校释:《老子道德经注校释》,北京:中华书局,2008年,第117页。
⑤ 王弼注,楼宇烈校释:《老子道德经注校释》,北京:中华书局,2008年,第10页。

董仲舒(公元前 179—公元前 104),广川(今河北景县)人,西汉思想家、政治家、教育家。提出了"天人感应"、"大一统"等学说,"罢黜百家,独尊儒术"的主张为汉武帝所采纳,儒学长期成为中国传统社会正统思想。

扫一扫
看 MooC

在汉武帝时期,大儒董仲舒曾上"天人三策",提出国家在选贤任能时,"诸不在六艺之科、孔子之术者,皆绝其道,勿使并进",[1]后来汉武帝提出了"罢黜百家,独尊儒术"的政策。这其实是另一种形式的"尚同",即以儒家的伦理规范和价值理念作为国家的意识形态。从某种角度来说,独尊儒术与秦始皇时期的"书同文、车同轨"一样,对于统一国家、建立中央集权的王朝而言,具有积极的意义。但一味地"尚同"也容易造成问题,比如形成思想领域的禁锢,甚至引起政治上专制集权的弊端。

3. 和同之辨

古人对"和"与"同"之关系的思考,有着悠久的历史,形成了"和同之辨"的思想议题。《国语·郑语》中记载史伯提出"和"与"同"的概念,他认为"和实生物,同则不继,以他平他谓之和,故能丰长而物归之;若以同裨同,尽乃弃矣"[2]。意思是把不同的东西加以协调平衡叫作和谐,所以能丰富发展而使万物归于统一;如果把相同的东西相加,用尽了之后就完了。因此,先王把土和金、木、水、火相配合,生成万物,再调配五种滋味以适合人的口味,强健四肢来保卫身体,调和六种音律使它动听悦耳,端正七窍来为心服务,协调身体的八个部分使人完整,设置九脏以树立纯正的德行,合成十种等级来训导百官。于是产生了千种品位,具备了上万方法,计算成亿的事物,经营万亿的财物,取得万兆的收入,采取无数的行动。所以君王拥有九州辽阔的土地,取得收入来供养万民,用忠信来教化和使用他们,使

---

① 班固:《汉书》(卷五十六)、《董仲舒传第二十六》,北京:中华书局,1962 年,第 2523 页。
② 徐元诰撰,王树民、沈长云点校:《国语集解》,北京:中华书局,2002 年,第 470 页。

他们协和安乐如一家人。这样的话,就是和谐的顶点了。①

到春秋时代,齐国晏婴在回答齐景公的问话时则阐述了"和"与"同"的差异。晏婴认为,"和"是指不同成分的合理配合,例如汤,油盐酱醋,鱼肉菜蔬,用水火加工,做出可口的汤,大家都爱喝,这叫"和"。一种汤,如果只有一个味,或者只有水加水,或者只有咸味加咸味,这个汤就没法喝,因为它是"同"。音乐也是这样,有很多乐器,音调有高低缓急,长短刚柔,清浊大小,相互配合,奏出美妙的音乐,大家都爱听,这叫"和"。如果只有一个乐器,只发出一个音调的声音,那是单调的声音,就很难听,这叫"同"。在政治生活中,国君说什么,大家也都说什么;国君反对什么,大家也都反对什么。君臣意见都是完全一致的,这就是"同",也就像乏味的汤、单调的音,实在不好。国君提出一种想法,大家议论,有的从这方面提出反对意见,有的从另一方面提出质疑,使国君的想法更加完善周全,这就是"和"。如果一个人独断专行,国君的错误意见得不到纠正,就是"同"。②

后来,孔子进一步提出"君子和而不同,小人同而不和",也是这一思想的延续。实际上是把"和而不同"作为了儒家理想人格的基本要求,同时把"同而不和"作为了批判的对象。君子心和,但见解各异,是为和而不同;小人为恶如一,但好斗争,是为同而不和。宋代朱熹又说:"只理会这一个公当底道理,故常和而不可以苟同。小人是做个私意,故相与阿比,然两人相聚也便分个彼己了;故有些小利害,便至纷争而不和也。"③这里和同之辨又和义利公私之辨结合,所谓"和因义起,同由利生"④。可见将和同之辨与人格品质相联系,成为后世儒家的重要价值理念。

(二) 为何要和而不同

和而不同的理念能够成为中华民族核心价值观之一,有其治国理政、思想文化和个人修养等多方面的原因。

首先,中华民族自古以来是一个多民族国家,各民族之间,尤其是中原民族与周边少数民族之间的相处,需要以和而不同的原则来处理,方能达到政治统治的最佳效果。一个

①　据徐元浩撰,王树民、沈长云点校:《国语集解》,北京:中华书局,2002 年,第 470—472 页。

②　据杨伯峻:《春秋左传注》,北京:中华书局,1990 年,第 1419—1420 页。

③　黎靖德编,王星贤点校:《朱子语类》(卷四十三),北京:中华书局,1986 年,第 1111 页。

④　刘宝楠撰,高流水点校:《论语正义》(卷十六),北京:中华书局,1990 年,第 545 页。

大一统的中央王权是维持国家统一的政治基础,但它不应排斥不同制度、不同文化的并存,而是要求在多元的基础上承认中原王朝的天子这一国家统一的象征。历代王朝的更迭,册封、羁縻府州制都和中央集权制相随,帮助打破各民族间的隔阂与各地区间的分裂,为实现各民族百川归海、国家统一提供了制度保障。同时尊重地区的经济、文化、风俗差异,也可使得中华文化在统一的过程中不断获得扩充、深化。此外,历代的盛世王朝,君主无不重视各种不同政见的价值,积极求谏纳谏,所谓兼听则明、偏信则暗。在差异中求统一、在多元中求一体,正是古代帝王先贤运用和而不同理念的政治智慧。

明代画家丁云鹏所作《三教图》,描绘了儒释道三家代表人物坐而论道的情形,表现了三教思想在中国社会的深度融合。

其次,思想文化领域的活跃也得益于和而不同的理念。战国时期的百家争鸣就是极好的例证,只有各种思想和学派能够自由辩论、竞争,思想文化才能得到充分的发展空间。而各家思想的发展又能相互交流、融通,发展出新的文化内涵。比如《吕氏春秋》、《淮南子》等著作,就很难以某一家一派来加以限制,而成为融合诸家思想的"集众议"之作。而魏晋玄学的发展也正是在融合了儒、道等思想传统的基础上诞生的。佛教进入中国后,更与中土文明不断碰撞融合,从一种外来文化逐步转变为与儒、道鼎立的中华文化的思想主干之一。三教各成体系而又在多个层面融会,影响了两千多年来国人的思想文化和生活实践。

第三,和而不同也是协调人际交往和提升个人修养的重要准则。人与人之间的和睦相处要求我们摒除各自的私见,而不是将自我的意愿强加于他人。甚至我们应该学习换位思考,在强调团队合作的基础上尊重他人的意见,以便发挥集体的最大能量和效率。

(三)如何实践和而不同的理念

在当今全球化进程日益深入和多元文明不断交融的时期,我们应当如何践行和而不同的理念,进而为现代社会发展注入传统文化的基因呢?

首先,面对多元,要懂得尊重。这本来就是一个多元的世界;在尊重的基础上要懂得互相学习各自的独特视角和优点;学习之后要生成更高层次的文化和智慧,这个更高层次是对原来的一种超越,而不是简单地模仿和照搬。历史上,唐太宗秉承"兼听则明,偏信则暗"的信念积极求谏纳谏,就是一种尊重和学习,唯其如此方能成就一代盛世。而民族、国际间的文化交流,只有放弃唯我独尊的想法,看到他者的优势,才可能在不同传统的相互学习交融中求得新思想的生发。中华人民共和国成立之初毛泽东提倡"百花齐放,百家争鸣"的"双百方针",就为文艺创作和学术思想提供了繁荣成长的沃土。

其次,值得注意的是,和而不同与天下大同均是中华传统文化中的核心价值理念,有人可能产生疑虑,既然提倡和而不同,为何又说天下大同是至高的社会理想?对此,只有正确理解二者之间的关系,方能明白和而不同的正确意涵和实践要点。所谓天下大同,指的是一种与小康相对的天下为公,而非各亲其亲的社会形态,并不是主张一种高度同质化的思想文化或价值追求。相反,古人理想中的大同社会应当是一种建立在和而不同基础上的政通人和的和谐状态,这也是今天我们在处理社会政治问题时应当秉持的原则。

第三,处在地球村的全球化时代,我们更应注重国际交流间的和同问题。2014 年 3 月,习总书记在联合国教科文组织总部的演讲中就专门提到了中国思想传统中的"和而不同"理念。① 这表明和而不同可以成为未来世界多元文明交流合作所秉承的基本原则,在构建"人类命运共同体"及开展"一带一路"倡议发展中发挥关键性的指导作用。

---

① 参见习近平:《在联合国教科文组织总部的演讲》,《人民日报》,2014 年 3 月 28 日,第 3 版。

第十七节
敬业乐群

勤劳敬业一直是中华民族的传统美德。但是在美国盖洛普（Gallup）公司近年来对全球各国员工进行的著名的敬业度调查中，中国人的敬业度却一直处于世界较差水平。此外，各教育背景或从业领域的中国工作者，其敬业程度都没有太大差别，这也和受教育程度与敬业程度成正比的普遍规律不符。

Employee Engagement Has Improved in China

Employee engagement among Chinese workers, aged 15 and older, who are employed by an employer.

	2009	2012	Change（Pct. pts.）
Engaged	2%	6%	+4
Not engaged	67%	68%	+1
Actively disengaged	31%	26%	−5

GALLUP

美国盖洛普（Gallup）公司 2012 年对中国 15 岁以上员工的调查显示，尽管敬业度略有上升，但符合其敬业标准的员工比例总体仍然偏低。

在乐群方面,因为互联网时代的到来,信息的获取、知识的学习变得前所未有的便利,这使得很多人沉迷于网络和手机,变成"低头族"和宅男宅女,甚至丧失了与人交流沟通的基本能力,更不要说在学习工作中和睦相处、切磋讨论、共同进步了。身处当代社会的我们要如何来重新理解敬业乐群的价值,以及在生活中应当怎样实践,是本节要讨论的内容。

(一) 何谓敬业乐群

"敬业乐群"这一观念最早出自《礼记·学记》,其中说学生入学,"一年视离经辨志,三年视敬业乐群,五年视博习亲师,七年视论学取友",①敬业乐群就是入读三年后的一项考核标准,即能否心无旁骛、专注学业,能否和乐他人以共同探讨切磋。由此可见敬业乐群是秦汉以前儒家对学生学习的一种具体要求,是为达到"安其学而亲其师,乐其友而信其道"这一最终学习目的而进行的一种必要的实践过程。

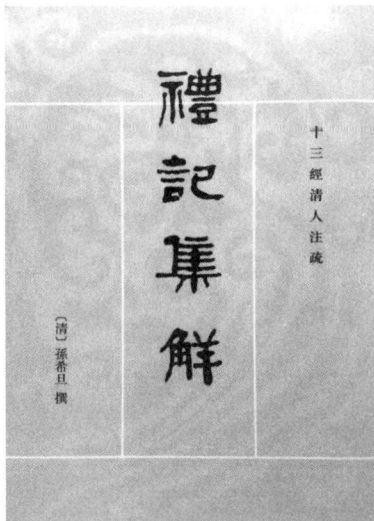

扫一扫
看MooC

《礼记》相传为西汉戴圣所编,是中国古代一部重要的典章制度选集,共二十卷四十九篇。《学记》是《礼记》中的一篇,对先秦的教学制度、原则、方法等进行了理论的总结。汉代郑玄的注本称:"《学记》者,以其记人教学之义。"

---

① 孙希旦撰,沈啸寰、王星贤点校:《礼记集解》(卷三十六),《学记第十八》,北京:中华书局,1989年,第959页。

唐时孔颖达作《礼记正义》,对"敬业乐群"是这样解释的:"敬业,谓艺业长者,敬而亲之。乐群,谓群居,朋友善者,愿而乐之。"①也就是说,敬业是向师长学习相关志业,并对之尊敬且亲近;乐群是乐于同朋友和谐相处。宋代大儒朱熹则认为:"敬业者,专心致志,以事其业也;乐群者,乐于取益,以辅其仁也。"②朱子认为"主一无适便是敬"。在他那里,凡做一件事,便忠于一件事,将全副精力集中到这事上,一点不旁骛,便是敬,所以敬业就是全身心地投入事业。而所谓"乐群",就是乐于从他人那里学习优点以帮助自身的进步,在儒家那里就是达到"仁"的境界。敬业和乐群一个指向知识能力的习得,一个指向情感价值观念的内容,它与离经辨志、博习亲师、论学

朱熹(1130—1200),字元晦,号晦庵。南宋著名的理学家、思想家、哲学家和教育家,理学的集大成者,后世尊称为"朱子"。著述颇丰,有《四书章句集注》《太极图说解》《通书解说》等,后人辑有《朱子大全》《朱子语类》等。

取友、知类通达等其他观念,共同构成了完整的人文教育的目标。

敬业乐群最初的意旨集中在学生的学习过程中,后来敬业的范围扩展到学业之外的事业、职业等,而乐群的对象也不局限在同学,而是包括同事等更广群体。因此敬业乐群除了是判断学生修学合格与否的标准,也成为衡量当代社会职业道德和人际关系的一条伦理规范。比如近代著名的教育家黄炎培所创办的中华职业学校的校训就是"敬业乐群",他们将"敬业"解读为"对所习之职业具嗜好心,所任之事具责任心";而"乐群"则指"具优美和乐之情操及共同协作之精神"。③

---

① 郑玄注,孔颖达疏:《礼记正义》(卷第三十六),北京:北京大学出版社,1999年,第1053页。

② 孙希旦撰,沈啸寰、王星贤点校:《礼记集解》(卷三十六),《学记第十八》,北京:中华书局,1989年,第959页。

③ 潘文安:《最近之中华职业学校》,《新教育评论》,1927年第3卷第18期,第8页。

黄炎培(1878—1965)，字任之，号楚南。我国近现代著名的革命家、政治家和教育家，我国近代职业教育的创始人，曾于 1918 年创建中华职业学校。

而西方所说的敬业精神(Professional Dedication Spirit)，就是一种基于挚爱基础上的对工作对事业全身心忘我投入的精神境界，其本质是奉献的精神。具体地说，敬业就是人们应该充分认识本职工作在社会经济活动中的地位和作用，认识本职工作的社会意义和道德价值，具有职业的荣誉感和自豪感，在职业活动中具有高度的劳动热情和创造性，以强烈的事业心、责任感来从事工作。

现代意义上的敬业包括了职业理想(即人们对所从事的职业和要达到的成就的向往和追求)、立业意识(即确立职业和实现目标的愿望)、职业信念(即对职业的敬重和热爱之心)、从业态度(即持恒稳定的工作态度)、职业情感(即人们对所从事职业的愉悦的情绪体验)、职业道德(即人们在职业实践中形成的行为规范)等层面，而乐群也成为学习工作中的重要素养。乐群的人一般外向、热情、开朗，通常表现为待人和蔼可亲、与人相处融洽，合作与适应能力特别强，愿意参加或组织各种社团活动，不斤斤计较，容易接受别人的批评等。这些品质对于当代社会所强调的团队协作精神来说均至关重要。

当代意义上的敬业乐群，不必局限在古人的为学之道上，某种程度上说，学业也是学生从事的职业，但亦无须将之仅仅视作工作过程中才具备的价值意义，敬业乐群的精神应当适用于学业、职业、事业等层面。

（二）为何要敬业乐群

作为先秦时期的为学之道,为何在当今社会仍有必要提倡呢?对这一伦理规范,大致有几种反对或怀疑的意见:一是认为从事学业、事业仅仅是一种手段或途径,而获得知识或生存资本才是根本目的,因此不必对自己所做的"一份工"抱有崇敬之情,只需重视最终结果即可,尤其当这份事业看起来不那么重要和崇高时。这种观点的谬误较为显见。梁启超说:"人类一面为生活而劳动,一面也是为劳动而生活。人类既不是上帝特地制来充当消化面包的机器,自然该各人因自己的地位和才力,认定一件事去做。凡可以名为一件事的,其性质都是可敬。当大总统是一件事,拉黄包车也是一件事。事的名称,从俗人眼里看来,有高下;事的性质,从学理上解剖起来,并没有高下。"他认为,"这叫作职业的神圣。凡职业没有不是神圣的,所以凡职业没有不是可敬的。"①这是从个人角度来说工作无有高下之分,每人都应当视之为神圣的志业。之所以能称"业"就是因为这是值得努力甚至牺牲的事物,而不仅仅是谋生的手段。

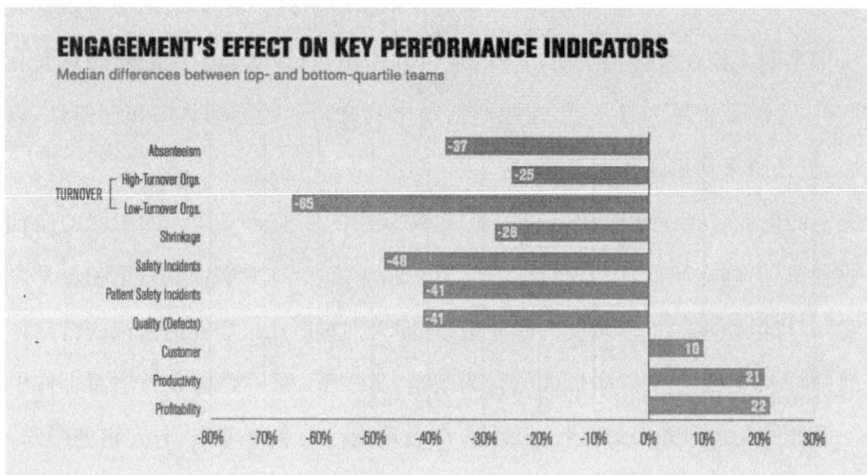

ENGAGEMENT'S EFFECT ON KEY PERFORMANCE INDICATORS
Median differences between top- and bottom-quartile teams

调查显示,敬业的员工在降低缺勤、员工流动、安全事故、损耗、质量缺陷率,以及提高生产率、利润率等方面有积极意义(统计数据来源于 2013 年盖洛普公司《全球职场环境调查报告》)。

扫一扫
看引文

① 梁启超:《饮冰室合集》,《饮冰室文集之三十九·敬业与乐业》,北京:中华书局,1989 年,第 26—27 页。

　　此外,敬业对于一个团体来说也是有积极意义的。盖洛普公司经过调查统计认为,敬业度对企业的经营业绩指标影响最大,包括效率、顾客忠实度、员工保留率、安全和产值等指标。这些员工创造了一个组织的绝大多数利润和顾客忠实度,他们是推动组织利润增长的主动力,所以敬业能够产生实实在在的社会效益。

　　其次,还有一种观点认为,即便我们以一种崇敬的心态完成事业,但未必要通过团队的形式来达成,尤其是在当下这个知识讯息获取极为便利的时代。这种观点其实是对“乐群”的做法产生了质疑。甚至有人进而认为,群体的合作可能会抹杀个性的自由。事实上,古代先贤之所以将“乐群”作为与“敬业”并列的伦理要求,就是清楚看到了两者之间的密切联系:乐群对于敬业有着非常重要的推动作用,两者不可偏废。不论在哪个时代,同学、同事之间只要能开展良性的交流、合作,都能带来更多的创意和洞见,超越个人所能达成的能力范围。至于乐群与个性自由的问题,孔子曾说:“君子和而不同,小人同而不和。”(《论语·子路》)儒门推扬的正是容纳、承认、肯定人们之间的“不同”个体,而成就“和”的整体。“乐群”虽然没有将群体中的个体性凸显出来,但由一个“乐”字,可以推知这种团体间的关系绝不是抹杀个性自由的、强制性的求同存在,反而是追求“和而不同”的个体自由意志的实现。

　　第三,对于敬业过程中的乐群,有人还担忧会形成所谓利益集团的小圈子,比如在业界拉帮结派、打击异己,影响整个大环境的公平正义。这一点,孔子曾说:“君子矜而不争,群而不党。”(《论语·卫灵公》)这正是在强调精神价值的聚合作用的同时,力求避免因生命力量的褊狭而导致结党营私,从而保持“群”应具备的广大端正的内在精神价值。孔子还说:“群居终日,言不及义,好行小慧,难矣哉!”(《论语·卫灵公》)“言不及义”的“群居”是低级意义上的“群”,是凑在一起显示口才、追求热闹,所以孔子强调“义”作为聚群现象的内在基础。内含了“义”的群居,就不会出现营私的局限。因此,“乐群”也是有内在要求和具体方法的。

　　由此可见,敬业乐群完全可以作为提升我们学习、工作的效率和成果,乃至提升我们生命价值的伦理准则。这种准则只要合理实践,就不会造成抹杀个性或是结党营私等弊端,在今天仍有其应用价值和操作可能。

（三）如何敬业乐群

敬业乐群的精神虽然值得且亟须在今天被继续提倡，但具体到当下的实践中，仍然需要做出一些相应的转变以适应不同的新形势。

首先，要培养敬业乐群的精神，应当注重从树立志业理想入手，形成对所从事志业的忠实与专一。梁启超说："凡做一件事，便把这件事看作生命，无论别的什么好处，到底不肯牺牲我现做的事来和他交换……所以从事这一志业的时候，丝毫不肯分心到事外，立志将其做好。"①当前的演艺界就有一些被称为"小鲜肉"的年轻演员，倚仗自己在粉丝群体中业已形成的高热度和支持率，一面拿着天价薪酬，一面却经常在工作时迟到、耍大牌、频繁使用替身等，显得极不敬业。这种行径就是只将自己的演艺事业作为大捞快钱的工具，对于观众粉丝和艺术本身都没有崇敬之情。这种现象近来已经开始受到演艺圈内外各界人士的批评，这些演员如长此以往也很难在业内立足、发展。

"德国制造"成为产品质量和信誉的保证，德国人的工匠精神正是中国当前从制造大国迈向制造强国过程中亟须借鉴的，其背后的本质正是职业道德和敬业精神。

其次，在具体的工作中，应保有强烈的事业心，尽职尽责、无怨无悔。要有勤勉的工作态度，脚踏实地，兢兢业业。要有旺盛的进取意识，不断创新，精益求精。要有无私的奉献精神，忘我工作、不计回报。我国科技部部长万钢谈及他在德国学习工作的情形时曾说：

---

① 梁启超：《饮冰室合集》，《饮冰室文集之三十九·敬业与乐业》，北京：中华书局，1989 年，第 27 页。

"德国哪怕一个商店的售货员也要进行系统的教育,包括包盒子、做礼品等都有一个系统的教育。所以从教育抓起,抓职业教育,对于培养专业性人才的工匠精神十分重要。"①当前我国正大力提倡工匠精神,这其实就是一种敬业精神,就是对每个人所从事的工作锲而不舍,对质量的要求不断提升,对每一个岗位上的每一件事都不放松。

第三,敬业乐群强调的除了"敬业"外,还有"乐群"。在科技资讯发达的时代,个人的学习、工作都可以更便利地通过网络来完成,但这并不意味着与同学、同事间的交流合作不再重要。相反,这种思想碰撞及团体协作能够弥补很多宅男、宅女文化盛兴时代的不足。比如,即便是现在流行的慕课形式的授课,也不意味着线下的师生、同学互动讨论没有必要。通过面对面的深入交流,了解同学、同事间的长处和不足、疑惑及意见,从而形成优势互补的团队,对于完成志业十分有益。这也是为何在网络社交平台如此普及的今天我们依旧强调深度交往的原因。

---

① 《科技部部长等答记者问:着力提升原始创新能力》,《人民日报·海外版》,2016 年 3 月 11 日,第 4 版。

第十八节
诚实守信

　　诚实守信是中华民族的优秀道德传统，是数千年来国人所积极提倡和践行的伦理准则，也是党的十八大以来中央倡导的社会主义核心价值观的重要内容。然而在当代社会中不讲诚信、唯利是图、损人利己的现象一再出现，社会面临各种信誉危机。诚实守信的观念是如何形成的，其对于国家、社会和个人有何积极意义，又何以能够成为世人普遍认同的价值，以及在历史传统和当下社会中我们应当如何践行诚实守信的理念等，是本节所要讨论的问题。

（一）何谓"诚实守信"

1. 诚信的意涵

　　"诚"的概念由来已久。在上古时期，氏族部落和国家之间的盟誓就体现了诚信的基本意涵。到春秋战国时期，"诚"的概念进一步明晰，"诚"主要是指言行一致，也就是古人所说的"诚于中、形于外"，"勿自欺"、"勿欺人"。张岱年先生说"诚"有两层基本意思：一是有常而不已，二是自然与当然之合一。诚的本义是言行一致。引申为自然历程之前后一致,谓之诚。自然变化是有常而不息的,这就是天道的诚。引申为现实与理想的一致,就是自然与当然的合一,也叫作诚。自然有常变化而有条不紊,所以自然是合理的,也即自然合于当然。①

张岱年(1909—2004),曾用名宇同,别名季同,河北献县人。中国现当代最有影响力的哲学家、哲学史家之一,撰有《中国哲学大纲》等一系列著作。

所谓"信",主要是"真实"、"信守诺言",强调一个人要"言必信",要"言而有信"等。"诚"和"信"皆从"言",二者有相通处。东汉的许慎在他所著的《说文解字》中说,"诚,信也",又说"信,诚也"。② 由此可见,"诚"和"信",不论是单独使用或相连使用,表示的大体是同一个意思。

2. 诚信作为外在规范

诚信首先是一种做人准则和社会道德的要求。"信"侧重指遵守诺言,言行一致。孔子就认为在社会生活中,"信"是一个人立身之本,如果没有诚信,也就失去了做人的基本条件,所谓"人而无信,不知其可也"。③ 他把"信"列为对学生进行教育的"四大科目"(文、行、忠、信)和"五大规范"(恭、宽、信、敏、惠)之一,强调要"言而有信",认为只有"信",才能

① 张岱年:《中国哲学大纲》,南京:江苏教育出版社,2005年,第545—546页。
② 许慎:《说文解字》,北京:中华书局,1963年,第52页。
③ 朱熹:《四书章句集注》,北京:中华书局,1983年,第59页。

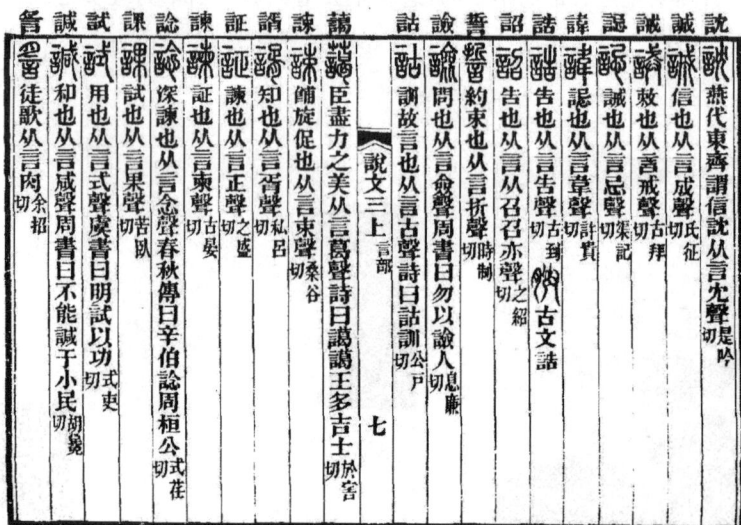

《说文解字》中"诚"与"信"互训。

得到他人"任"("信则人任焉")。孔子认为能做到包括"信"在内的这几点就离"仁"不远了。到孟子那里,进而提出"父子有亲,君臣有义,夫妇有别,长幼有序,朋友有信"①的"五伦"规范。"信"成为人际交往中的伦理准则。西汉董仲舒的《春秋繁露》,又提出三纲五常之说,"信"同样是作为五常的内容之一,成为与"仁、义、礼、智"并立的影响后世的重要道德范准。一直到近现代时期,诚信依旧是民众道德教育中的基本条目,比如"八德"之中就有"信"的要求。

3. 诚信作为内在境界

国与国、人与人之间的交往要讲求诚信不欺,这更多是在社会发展过程中形成的外在规范,但诚信除了外在的规范意义,还有更深层的内在境界意涵。先贤对于"诚"的理解就集中体现了这种意涵。《中庸》将"诚"理解为人生最高境界:"唯天下至诚,为能尽其性;能尽其性,则能尽人之性;能尽人之性,则能尽物之性;能尽物之性,则可以赞天地之化育;可以赞天地之化育,则可以与天地参矣。"②天道唯诚,然后有物,一切物之存在,皆由于天道

---

① 朱熹:《四书章句集注》,北京:中华书局,1983年,第259页。
② 朱熹:《四书章句集注》,北京:中华书局,1983年,第32页。

之诚。通过这种真实不妄的"诚"可以知人性、物性，进而赞助自然化育，与天地并而为三。孟子说："是故诚者，天之道也；思诚者，人之道也。"①意思是天道的运行是真实不欺的，人则要思求这种真实不欺。这就将"诚"上升为天道本然具备的性质，自然也就是人道所应追求的目标。宋明理学家也重视"诚"的地位，将"诚"理解为"圣人之本"，是"五常之本，百行之源"。②

由此可见，诚信在中国传统文化中表达的是遵循天道、真实不欺、言行一致、信守诺言的人生境界和行为规范，是评价个人道德的标准，也是与人交往的准则和社会和谐的基础之一。

(二) 为何要讲求诚信

诚实守信对于国家、社会和个人而言均有积极意义，因此才成为古今中外皆所提倡的价值理念。诚信之道，是求真务实之道，是人、集体与国家尊严的体现，是"立人之道"，也是"立政之本"。

在国家层面，如果一个政府对老百姓不讲诚信，就必然得不到老百姓的支持，孔子说："民无信不立"，只有对老百姓讲诚信，才能够树立起自己的"威信"。所谓"言忠信，行笃敬，虽蛮貊之邦行矣；言不忠信，行不笃敬，虽州里行乎哉"。③ 历史上商鞅的"立木取信"和周幽王的"烽火戏诸侯"，清楚说明了诚信对一个国家的兴衰存亡起着非常重要的影响：前者获得民心，变法成功，国强势壮；后者自取其辱，身死国亡。此外，在国与国的外交过程中，也应当遵守基本的诚信原则，出尔反尔、不守规约、唯利是图往往酿成冲突或战乱。

在社会层面，诚信是维持日常经济、文化、生活的重要保障。假如人与人、团体与团体之间无法建立信任关系，那么我们的贸易合作、文化交流乃至最基本的日常生活秩序都将无法顺利展开。我们购买的商品可能是假冒伪劣、以次充好的，我们订立的约定经常是毫无效力、随意变动的，甚至在我们的家庭单位中，父母与子女、丈夫与妻子之间都可能发生欺骗与谎言。诚信是维持家庭、单位和各种社会机构有序运作、和谐共存的基本条件。

---

① 朱熹：《四书章句集注》，北京：中华书局，1983 年，第 282 页。
② 周敦颐：《通书·诚下第二》，日本内阁文库本。
③ 朱熹：《四书章句集注》，北京：中华书局，1983 年，第 162 页。

在个人和人际交往层面,诚信的价值也很明显。《春秋谷梁传》中记载:"人之所以

商鞅(约公元前 395—公元前 338),战国时期政治家、改革家、思想家,法家代表人物。商鞅通过变法使秦国成为战国时强大的国家,史称"商鞅变法"。

扫一扫
看引文

为人者,言也。人而不能言,何以为人? 言之所以为言者,信也。言而不信,何以为言?"①
意思就是一个人如果不能信守诺言、言行一致,则失去了成为人的基础,也不可能被他人
所信任和尊重。秦末的季布,一向说话算数,信誉非常高,许多人都同他建立起了深厚友
情。当时楚国甚至流传着这样的谚语:"得黄金百(斤),不如得季布一诺。"后来,他得罪刘
邦被悬赏捉拿,结果他的旧友不仅不被重金所惑,而且冒着灭九族的危险来保护他,使他
免遭祸殃。② 个人的诚信,能够赢得他人的尊重和自身的信誉。反过来,如果贪图一时的
便宜而失信于人,表面上可能得到"实惠",但却毁了比物质更重要的声誉。所以古人强调
"朋友有信",失信于人是得不偿失的。

在一种理想的状态下,诚信应为所有人普遍认可和共同遵守。但实际生活中,总有不
诚信的人和事存在,甚至在特定的时期,社会上的欺诈和谎言还很普遍。那么难免有人有
所疑虑:在一个所有人或很多人都不讲诚信的社会,我一个人诚信必然会吃亏。对此问题
我们应该这样看待:短期来说面对尔虞我诈的小环境,个人的诚实守信可能被人利用、造
成损失,如果随波逐流、顺应环境似乎能够控制损失甚至谋取利益。但长期来说纵容不良

---

① 范宁注,杨士勋疏:《春秋谷梁传·僖公二十二年》,阮元校刻:《十三经注疏》,北京:中华书局,
1980 年,第 2400 页。
② 司马迁:《史记》(卷一百),《季布栾布列传第四十》,北京:中华书局,1959 年,第 2729—2730 页。

风气对整个社会的公平正义不利，如果所有人都变成无任何信用，那么最后受损的还是自己。因此即便身处不完美的现实中，我们也应讲求诚信，努力营造良好的环境，引导社会发展走上良性循环，唯此才有可能营造共赢的局面。

（三）如何做到诚实守信

诚信是中华民族自古以来的传统美德，也是现代社会的黏合剂和市场经济的基石。但随着现代中国从"熟人社会"向"陌生人社会"的急剧转型，诚信传统受到拜金主义的侵蚀，制假售假、商业欺诈、逃债骗贷、学术不端等现象屡有发生，诚信缺失已成为制约经济社会发展的一大问题。在政治生活中，政府失信主要表现在以下几个方面：一是政府决策失败，二是政策执行失样，三是政府行为失范，四是政府信息失真。这些都导致政府的信用流失、形象受到破坏。在社会生活中，我们经常面临的是商业欺诈，即在市场交易、投资、服务过程中，通过虚构隐瞒事实、发布虚假信息、签订虚假合同以及夸大宣传等手段，误导、欺骗单位和个人，骗取钱财和各种物质利益，破坏市场经济秩序，损害人民群众合法权益的行为。这也是典型的违背诚实信用原则，以牟取利益为目的，以欺骗为手段的不正当竞争行为。社会舆论反响强烈的毒奶粉、电信网络诈骗等事件就是商家或组织失信的违法犯罪行为。在个人生活中，我们也经常面临信用方面的考验，比如是否能够按时履行还款还贷的义务等。

诚信既有外在规范的层面，又有内在境界的意涵，因此在实践中我们一方面要重视从法律法规、制度设计层面鼓励诚信、限制欺诈行为。另一方面，我们也有必要从个人内在精神层面加强约束，尤其是在法制尚不完善的情况下，通过内外两方面的实践，方能改善这种状况。

首先，中国传统社会一向强调以德治国、以礼教化，诚信作为立身之本和圣人标准，也一直都是官员、士人等所宣扬推广的价值。由此希望个人时时做到"慎独"，不论有无外在约束，都能不自欺、不欺人，无愧于天地。中国共产党对于诚信的价值观念也一贯加以倡导。在中国共产党成立后的民主革命与社会主义革命和建设中，中国共产党进一步加深和丰富了对"诚信"的认识，把"诚信"提高到党的建设的高度。毛泽东同志继提出"实事求是"后，在《为建设一个伟大的社会主义国家而奋斗》一文中还提出，我国人民要努力工作，要"老老实实,勤勤恳恳,互勉互励,力戒任何的虚夸和骄傲"①。周恩来同志强调要"老老实实,实事求是,脚踏实地,稳步而又勇敢地前进"②。刘少奇同志多次强调"大力提倡说老实话,办老实事,当老实人,坚决反对弄虚作假"③。邓小平同志也着重指出要"实事求是"、"老老实实",反对"说空话、说假话、说大话",要求杜绝此类恶习。这一切都充分说明,"诚实守信"、"老老实实"、"说老实话"、"办老实事"、"做老实人",不但是传统美德的要求,也是革命传统的重要要求。在革命和建设时期,"诚实守信"具有体现时代精神的新内容,其现实意义更加重要。这要求我们要从生活实践做起,从一言一行中培养诚信的作风,去除虚假欺人的习气。

新时期我国还需注意从制度建设层面倡导诚信的风气。古代社会中商鞅在秦国变法时即强调:"国之所以治者三,一曰法,二曰信,三曰权。"④完善法制与树立权威、维持信用是相辅相成的。所有人都应该遵守法律规定的基本义务,其中就有诚信的要求。当代社会仍然需要推进法制建设力度。2014年中央文明委发布《关于推进诚信建设制度化的意见》,勾画出推进诚信建设制度化的目标任务和实现路径,以制度的力量培育诚信自觉,用制度的笼子关住失信行为,成为建设"诚信中国"的重要指南。⑤ 2016年召开的中央全面深化改革领导小组第二十五次会议强调,加快推进对失信被执行人信用监督、警示和惩戒建设,有利于促使被执行人自觉履行生效法律文书决定的义务,提升司法公信力,推进社会诚信体系建设。要建立健全跨部门协同监管和联合惩戒机制,明确限制项目内容,加强信息公开与共享,提高执行查控能力建设,完善失信被执行人名单制度,完善党政机关支持人民法院执行工作制度,构建"一处失信,处处受限"的信用惩戒大格局,让失信者寸步难行。

习近平同志强调,"人而无信,不知其可";企业无信,则难求发展;社会无信,则人人自危;政府无信,则权威不立。⑥ 杜绝唯利是图的"毒奶粉"、驱逐弄虚作假的"地沟油",提高诚信意识和信用水平,形成履约践诺、诚实守信的社会氛围,是全社会的共同期盼。

---

① 《毛泽东文集》(第6卷),北京:人民出版社,1999年,第350页。
② 《周恩来选集》(上),北京:人民出版社,1980年,第343页。
③ 《刘少奇选集》(下),北京:人民出版社,1985年,第400页。
④ 石磊译注:《商君书》,《修权第十四》,北京:中华书局,2009年,第121页。
⑤ 《关于推进诚信建设制度化的意见》,《人民日报》,2014年8月2日,第6版。
⑥ 习近平:《之江新语》,杭州:浙江人民出版社,2007年,第18页。

第十九节

自强不息

"自强不息"是我国不少知名高校的校训,被用来激励青年学子奋进向学。而著名的思想家、哲学家张岱年先生则将自强不息和厚德载物作为中华民族精神的表现,给予大力崇扬。① 有学者认为,中华民族精神随着历史发展会不断演进及丰富,而这其中自强不息无疑是具备形上内核意义的一种精神,换句话说,这是最根本和稳定的一种民族精神。自强不息在历史上究竟何以成为备受推崇的民族价值内核、时至今日是否仍在发挥其效用、在当今社会又应以何种形式呈现于外? 这是本节所要讨论的内容。

(一) 何谓自强不息

自强不息语出《易传》中乾卦的《象传》,所谓"天行健,君子以自强不息",意思是自然万物运行不止、刚强劲健,而"君子"为人处世也应效法天道,刚毅坚卓、不屈不挠。自强不

---

① 张岱年:《中国文化的历史传统及其更新》,《张岱年全集》,石家庄:河北人民出版社,1996年,第168页。

息强调的是自身自力的奋斗,强调永不懈怠、持之以恒的发展。

从语源角度看,自强不息一词出自《易传》,但自强不息的精神在更早的中国历史中就有所体现。《尚书》的《无逸》篇记载了周公诫教成王的事,周公对成王的要求是:"君子所其无逸"。他列举了殷代的三位君王作为正面典型,认为他们"不敢荒宁",所以才享国日久。而之后的一些君王,"不知稼穑之艰难,不闻小人之劳,惟耽乐之从",因而执政的时间就短得多。《无逸》篇强调贪图安逸是不对的,应当以周文王为榜样:"文王卑服,即康功、田功,徽柔懿恭,怀保小民,惠鲜鳏寡。自朝至于日昃,不遑暇食,用咸和万民。"①这是说,文王从事过卑贱的劳作,他心地仁慈,态度和蔼,使百姓安居乐业,并施恩惠于鳏寡孤独的人。终日忙碌得无暇吃饭,用辛勤劳苦的精神治理国家,使万民安乐地生活。可以看出,"无逸"虽侧重于国家治理层面的讨论,但其精神实质与自强不息是一脉相通的。

扫一扫
看 MooC

《论语》中也有诸多与自强不息相关的材料。《述而》篇中"发愤忘食,乐以忘忧,不知老之将至"与"学而不厌,诲人不倦"等话,都和"君子以自强不息"语意相近。孔子这种"知其不可而为之者"的形象也影响了其弟子和后人,曾子说:"士不可以不弘毅,任重而道远。仁以为己任,不亦重乎?死而后已,不亦远乎?"②士大夫这种坚韧不拔、奋发刚毅的献身精神就是对自强不息的最好诠释。孟子说"天将降大任于是人也,必先苦其心志,劳其筋骨,饿其体肤,空乏其身,行拂乱其所为,所以动心忍性,曾益其所不能",③也表明能承担天下之大任之人,必是顽强进取、不屈不挠之人。荀子则提出了"积善而不息"的思想。他说:

曾子(公元前 505—公元前435),名参,字子舆,春秋末年鲁国的思想家,与其父曾点同师孔子,为孔子和思孟学派中间的重要儒家学者。

---

① 孔安国传,孔颖达正义:《尚书正义》,上海:上海古籍出版社,2007 年,第 634 页。
② 朱熹:《四书章句集注》,北京:中华书局,1983 年,第 104 页。
③ 朱熹:《四书章句集注》,北京:中华书局,1983 年,第 384 页。

"不积跬步，无以至千里；不积小流，无以成江海。""锲而舍之，朽木不折；锲而不舍，金石可镂。"①这表明对于知识、道德的追求要葆有一种锲而不舍、永不放弃的精神。后来朱熹说："盖学者自强不息，则积少成多；中道而止，则前功尽弃。其止其往，皆在我而不在人也。"②同样是强调除了自强，还要有不息的精神。

随着汉代"罢黜百家，独尊儒术"，儒家文化开始占据中国文化的中心，其自强不息、刚健进取的思想为社会所普遍接受，并不断加以丰富发展，使其从个体应该具有的文化素质，跃升为一个国家和民族的独特品格，成为中华民族的民族精神。

自强不息精神在近代以来的中国社会中体现出了显著的实践意义。晚清试图救亡图存的士人从传统文化中找出的救国救民的武器就是"自强"。比如魏源认为非自强不能自立，在自强思想的指导下，他提出"师夷长技以制夷"的口号，提倡积极汲取和采用西方国家的先进技术，创办新式的军事工业、民用工业，建立新式的陆军、海军，加强沿海的国防建设，这都在一定程度上推动了近代中国现代化的进程。

魏源（1794—1857），名远达，字默深，号良图。清代启蒙思想家、政治家、文学家。是近代中国最早"睁眼看世界"的知识分子之一，开启了晚清以来了解世界、师法西方和民族自强的时代潮流。

而以康有为、谭嗣同、梁启超等为代表的改良派，也从自强不息的民族精神中找到了社会改革的根据，比如康有为认为应"取日新以图自强，去因循以厉天下"③。他们将自强不息与民族变革联系起来，并将之作为重要武器，向顽固腐朽思想和制度宣战。

总结来说，自强不息的实质可归结为以下几点：第一，敢与命运做斗争所表现出来的奋发图强和拼搏进取的精神。第二，"革故鼎新"的改革创新、开拓进取精神。第三，锲而不舍、止于至善的坚持精神。

① 王先谦撰，沈啸寰、王星贤点校：《荀子集解》（卷一），《幼学篇第一》，北京：中华书局，2013年，第9页。
② 朱熹：《四书章句集注》，北京：中华书局，1983年，第114页。
③ 康有为：《康有为全集》（第二卷），《殿试策》，北京：中国人民大学出版社，2007年，第65页。

（二）为何要自强不息

了解了自强不息这个理念的来源和内涵，其实也就不难理解在历史上以及在今天我们为何还要提倡这一精神。

首先，从个人道德修养层面来说，自强不息是为人乃至成圣应当秉持的基本态度。王阳明有一位学生叫邹东廓，也是明代著名的理学家，他曾说："自强不息，学者之所以希圣也。"就是说自强不息是为学之人应当追求的境界，假如"息则与天不相似矣。故曰：君子不动而敬，不言而信，戒慎乎其所不睹，恐惧乎其所不闻，则无须臾之息而天德纯矣，天德纯而王道出矣。此千圣相传之心法也"。[1] 他所说的这个心法就是贵在戒慎恐惧的自觉，是道德修养能否达到一定境界的前提条件，也是古今中外学有所成之人在成长过程中都会秉持的理念。道德修养的内容虽是客观的，但其培养的过程却是主观的。所以，道德修养的成功与否，很大程度决定于个人主体的自觉性。"无须臾之息"就道出了道德修养的核心与规律。

其次，从治学之道的层面看，也只有自强不息方能成就学业。孔子尚且要"学而不厌，诲人不倦"乃至"不知老之将至"，何况吾辈？学习的过程是循序渐进的，因此要不断积累、不断更新，方能有所成就，所以朱熹才说："中道而止，则前功尽弃。"[2]朱熹本人的为学过程就是贯彻自强不息精神的例子，据传他的《四书集注》前后花四十年七易其稿方成。他正是以自强不息作为学者人格境界的理想状态，才最终开创闽学并成为理学的集大成者。

第三，自强不息既是个人修养功夫的理论指南，也是民族国家励精图治的必由之路。尤其是在国家积贫积弱的时期，自强不息的拼搏理念成为振兴民族、复兴中华的精神源泉。因此在治国理政的层面，自强不息同样具有重要意义。南宋著名的民族英雄文天祥，在宝祐四年（1256），以万言书参加廷对，此对策就是以"不息"为宗旨，阐述了他对处于内患外扰下的南宋政局的看法，提出了改革时政的建议。他企望宋理宗能像商、周时代的贤王那样，以《尚书》中的"无逸"为治国的座右铭。[3] 后来他因此被宋理宗点为状元。可见

---

① 邹守益：《东廓邹先生文集》（卷一），《康斋日记序》，四库影印本，第6—7页。

② 朱熹：《四书章句集注》，北京：中华书局，1983年，第114页。

③ 参见文天祥：《文山先生全集》（卷三），《御试策》，上海商务印书馆缩印乌程许氏藏明本，第49—69页。

自强不息对于历代君王治理国家来说，都是宝贵的精神资源。到近代国家积贫积弱时，改革者同样是从"自强"精神中汲取养分，作为救亡图存的理论武器和鼓动民心的宣传口号。

所以只有自强不息，效法天道，才能尽到做人的责任，在有限的生命中实现人生追求，养成高尚的品德情操，成就不朽的学业和事业。也只有自强不息，才可能不断改善国家的生存状态，使中华民族屹立于世界民族之林。

（三）如何做到自强不息

从以上的讨论中，我们不难发现，历史上尽力抵抗外来侵略的民族英雄，孜孜不倦探索真理的思想大家，以及坚持反对不法权贵的忠贞之士，他们的身上都体现了自强不息的民族精神，他们的所思所想和所作所为都给我们如何实践自强不息提供了启发。而中国共产党人同样是这一精神最忠实的倡导者、实践者和发展者。

要做到自强不息，首先应该"终日乾乾，进德修业"。儒家思想认为，一个人要想成为真正的人，实现人生价值，达到人生目的，既有利于自己又有益于国家，既能独善其身又能兼善天下，就必须自幼年至壮年，由壮年到老年，都要不断向学，积极修持。不论是处于顺境，还是处于逆境，都要"一以贯之"，而不可骄傲自满或半途而废。

第二，要"遵道而行，不暴不弃"。儒家学者在强调"终日乾乾"的同时，又明确指出：一个人要使自己成为有知识、有道德、有功业的人，就必须按照自己确立的目标，把自己的言行纳入正确的轨道，不能落入邪门歪道。如果一个人终日追求的是歪理邪道，愈积极努力就愈偏离轨道，最终可能是害己害人。所以儒家提出"遵道而行"的问题，是十分必要的。

第三，"积善不止，终为圣人"。儒家的自强不息论中，与"遵道而行"密切相连的则是"积善不止"。人的知识、道德、功业的取得和崇高目标的达到，不是一朝一夕、一蹴而就所能实现的，而是有一个长期不断积累的过程。人积善为善，终为圣人；人积恶为恶，终为小人。因此必须逐步累积、循序渐进。

第四，"革故鼎新，至诚不息"。宇宙中的万事万物都是在运动中产生、形成、发展的，不论是"自强不息"、"终日乾乾"，还是"遵道而行"、"积善不止"，都是讲动态的问题，没有运动，就没有旧事物的消亡、新事物的化生，亦就没有"日新又日新"的世界。因此无论是个人还是国家，都应该顺应时代潮流的发展，能够不断地变革创新，当然，这种革故鼎新必须是顺天应人的变化。

在新时期,自强不息精神依旧在被传扬。以毛泽东为代表的中国共产党人在把马克思主义的普遍真理与中国革命和建设的具体实践相结合的过程中,特别注重弘扬和培育自强不息的民族精神。在毛泽东看来,中国革命的胜利就是自强不息民族精神的胜利。邓小平则在新的历史条件下指出中国的事情要按照中国的情况来办,要依靠中国人自己的力量来办,要坚持独立自立、自力更生。江泽民也反复强调这一精神,他在要求全国人民大加倡导和发扬的创业精神中,就包含了自强不息的精神。中共中央于 2001 年印发的《公民道德建设实施纲要》也把"自强"列入公民基本道德规范之中,至此自强不息已被培育为与体现时代要求相融合的新精神。①

港珠澳大桥、500 米口径球面射电望远镜、复兴号动车组列车、天宫号空间实验室等大国工程和高新技术正是自强不息的民族精神在当代中国的体现。

习近平总书记在 2014 年 10 月 15 日文艺工作座谈会议上指出:"为什么中华民族能够在几千年的历史长河中生生不息、薪火相传、顽强发展呢? 很重要的一个原因就是中华

---

① 《公民道德建设实施纲要》,《人民日报》,2001 年 10 月 24 日,第 1 版。

民族有一脉相承的精神追求、精神特质、精神脉络。"①自强不息无疑是这种精神追求、特质和脉络中的核心内容。近几年在中国大地上,世界上最长的跨海大桥、世界上最大的光伏电站群、世界最大口径的射电望远镜,以及大型港口码头、航空航天技术、高速高铁路网等一个个超级工程拔地而起,并且我国掌握了大量相关自主知识产权和核心技术,很多方面超越了欧美发达国家水平,甚至实现了从由外引进到向外输出的转变,体现了新时期大国工程的自强与自信。自强不息、勤劳奋进除了对培养爱国主义精神、民族凝聚力和忧患意识有重要意义外,也与社会主义市场经济体制的发展逻辑相契合。此外,发扬自强不息精神也有助于创新意识的培养,在大众创业、万众创新的时代浪潮下变得愈发不可或缺。

---

① 习近平:《2014 年 10 月 15 日在文艺工作座谈会上的讲话》,《人民日报》,2015 年 10 月 15 日,第 2 版。

第二十节
厚德载物

在很多人看来,"厚德载物"似乎是一句玄奥难解的成语或是空泛无用的口号,其实这简单四字,承载着传承至今的中华文明中最为重要的基因密码和精神资源。如上节文初所述,著名的哲学家张岱年先生曾将我们中华民族精神的主要表现概括为"自强不息"和"厚德载物",可见"厚德载物"与"自强不息"一样,是中国人的个人生命进程和民族发展历史中最核心的理念,是推动和维持国家社会进步的重要思想资源。①

(一) 何谓厚德载物

"厚德载物"语出战国时期《易传》中坤卦的《象传》:"地势坤,君子以厚德载物。"《象传》中则说:"坤厚载物,德合无疆。含弘光大,品物咸亨。"②这都是《易传》对于坤卦卦象、

---

① 张岱年:《中国文化的历史传统及其更新》,《张岱年全集》,石家庄:河北人民出版社,1996 年,第
168 页。
② 朱熹撰,廖明春点校:《周易本义》,北京:中华书局,2009 年,第 43 页。

卦辞的解读。原意谓大地的特点是柔顺，并有兼容并包、承载万物的性质，而万物身处其中各得其所，得以茁壮成长。

1914年11月梁启超先生在清华学堂演讲什么是"君子"时，是这样向学子们解读"厚德载物"的，他说："君子接物，度量宽厚，犹大地之博，无所不载。君子责己甚严，责人甚轻……当其名高任重，气度雍容，望之俨然，即之温

"厚德载物"与"自强不息"，同为古人对乾、坤二卦的解释，也常被认为是中华民族精神的重要表现，一直到当代社会仍在不断激励国家民族和社会个人的前行。

然。"①也就是说"君子应如大地的气势厚实和顺，容载万物，责己严，责人轻，以博大之襟怀，吸收新文明，改良我社会，促进我政治，以宽厚的道德，担负起历史重任"。后来"厚德载物"被定为清华大学校训的内容。

对"厚德载物"的理解可以从三个层面来把握。首先，这一理念最初的意涵体现了对于大地特性的认知。早在三代之前，人类就认识到了大地的生发承载万物的特点，因为生活生产都对土地有极强的依赖性，故人们对土地寄予了情感和期待，并将之作为崇拜的对象。《礼记正义》说："地载万物者，释地所以得神之由也。"②说的就是这个道理。土地的生发包容功能使人将之与女性的生育能力联系起来，因此在历史上也出现了很多人格化的土地神的信仰。到了《周易》中就有了"乾，天也，故称乎父；坤，地也，故称乎母"③的说法。后来《易传》中强调君子要厚德载物，就是从人的层面来说，要效法大地的此种品性。老子也曾说"人法地，地法天"，同样明确指出了人应效法大地之道。

其次，厚德载物确立了中华民族重视道德的传统。在夏商时期，人们对于天命多认为

---

① 清华大学校史研究室：《清华大学史料选编》（第一卷），北京：清华大学出版社，第260—261页。原载《清华周刊》第20期，1914年11月10日。

② 郑玄注，孔颖达疏：《礼记正义》（卷二十五），阮元校刻：《十三经注疏》，北京：中华书局，1980年，第1449页。

③ 朱熹撰，廖明春点校：《周易本义》，北京：中华书局，2009年，第265页。

梁启超（1873—1929），字卓如，号任公，又号饮冰室主人。清光绪年间举人，中国近代思想家、政治家、教育家、史学家和文学家。戊戌变法领袖之一、中国近代维新派代表人物，著述颇丰，合编为《饮冰室合集》。

其具备恒常不变的特性，也就是说天命的发展不会以人的意志为转移。商纣王就说："我生不有命在天！"但最后还是避免不了亡国。到了西周初期，因为经历了武王克商的重大历史事件，人们开始逐步产生"天命转移"的思想。《尚书》云"惟命不于常"，又说"天命靡常，唯德是辅"，由此可见天命逐渐丧失了作为当时人们理解世界的原则和依据，而人的道德则成了决定政权变迁、祸福凶吉的决定因素。这就是我们常说的人的主体性的觉醒和人文理性精神的抬头。厚德载物中所体现的道德准则主要表现在仁爱、谦和、诚信等方面。先秦时期孔子、孟子等思想家均主张以德为先、为政以德，无论是亲亲、仁民、爱物还是仁义礼智的四德，都是厚德载物的体现。汉代董仲舒进一步提倡道德至上，并指出"国之所以为国者，德也"[1]的以德治国理念，主张"尊德卑刑"、"厚德简刑"。宋明的理学家们也是吸收了《易传》思想，将仁及万物的思想纳入了仁德的体系之中，进而提倡一种道德理性。

第三，厚德载物中的"载物"层面，是对勇于担当、兼容并包精神的提倡。对个人来说，厚德强调的是对内在道德的重视，载物则侧重在外在担当的要求。两者的结合就是内圣和外王两个层面的综合，是儒家对于做人和成圣的基本要求。另外大地载物的性质也具备包容的特点，因此君子也应当谦虚平和、虚怀若谷，能够接纳他人的意见。对国家和社会来说，同样要有这种兼容并蓄的气度。例如我国唐代就是一个社会文化心态开放、多元文明融合的帝国时期，经贸、文学、艺术、宗教等各领域发展均呈现出包罗万象的盛世气象，这本身就是厚德载物理念的具体呈现。

---

① 苏舆撰，钟哲点校：《春秋繁露义证》（卷六），《保位权第二十》，北京：中华书局，1992年，第174页。

(二) 为何要践行厚德载物

中国历史传统中的厚德载物理念,在天人合一的思维模式和价值取向下,强调内在德性的修养和外部事功的实践,追求人与天地精神的合一,是一以贯之的思想主流。其在国家层面、社会层面和个人层面均有重要的意义,这也是厚德载物之精神能够长期为国人认同并实践的原因。

首先在国家层面,《周易》从"天人合其德"的观念出发,将宇宙不断变化的常则引申到人类社会领域。在国家政治领域,行仁政、用王道,或是以德治国的观念一直是帝王明君和社稷良臣所提倡的统治术。比如《孟子》中就曾说:"唯仁者宜在高位。不仁而在高位,是播其恶于众也。"[1]对为政以德的推崇在历史上成就了不少盛世王朝,对壮大国力、归顺民心起到了推动作用。例如贞观之治,很大程度上是因为李世民以儒治国、以民为本,又能有勇于纳谏、兼听则明的包容气度。

其次在社会层面,"厚德载物"思想实质上包含和体现着《周易》之中"太和"的和谐思想,涵盖了人与自然以及人际关系的和谐统一,即"和合意识"。例如,在人与自然和谐共处层面,儒家倡

范仲淹(989—1052),字希文,苏州吴县人。北宋杰出的思想家、政治家、文学家,谥号"文正",有《范文正公文集》传世。其在地方治理、政治革新、戍边守疆等方面政绩卓著,此外文学成就亦为突出。他倡导的"先天下之忧而忧,后天下之乐而乐"思想,对后世影响深远。

导"取物以时"、"张弛有度"的"爱物"思想,将仁爱之心倾注于万物,实际体现了厚德载物的精神内涵。在人际关系层面,先贤认为提升道德有助于社会和谐的形成,比如《管子》中说"畜之以道,则民和,养之以德,则民合",[2]意为群众需有良好的道德修养基础,在其中营造和合的氛围,和合之下百姓才能和谐与团聚,相互间友好相处。

---

① 朱熹:《四书章句集注》,北京:中华书局,1983 年,第 276 页。
② 黎翔凤撰,梁运华整理:《管子校注》(卷六),《兵法第十七》,北京:中华书局,2004 年,第 323 页。

对于个人层面而言，"厚德载物"思想包含了丰富的伦理道德规范。"厚德载物"思想实际上内含"宽柔以教"的意蕴，在其柔顺品格之中所承载的理解和宽容的文化精神，已潜移默化在当代中国民众的思想观念和品性情感之中，支配着人们的行为方式和价值追求，成为中华民族独特的精神信仰根基。"厚德载物"思想体现出以宽厚之德包容万物的文化元素，为中国民众精神信仰的多层次交错提供了深厚的文化积淀。历史上很多名人的事迹均体现了厚德载物的民族精神，比如北宋的思想家、政治家、文学家范仲淹，就是一位为政清廉、体恤民情、刚直不阿的前贤，他虽因主改革而屡遭贬斥，却依旧写下了"先天下之忧而忧，后天下之乐而乐"的名句，其道德文章和博大胸襟足以流传千古。

对伦理道德的重视和对担当、包容意识的推崇，是一个国家、社会和个人强盛繁荣、和谐发展和自我实现的重要保证，也正是在这个意义上，张岱年先生才认为厚德载物可以作为整个中华民族精神的体现。

（三）如何实践厚德载物

既然厚德载物的精神是极为重要且具有纲领性质的核心价值理念，那么其在当代社会的发展中就必然有值得挖掘、继承和创新的方面，可以为国家、民族和个人在新时期的发展提供不竭的资源和动力。

扫一扫
看 MooC

首先，站在国家立场，作为一个"重德"的文明传统，应该提倡对传统美德的提炼、宣扬和教化，积极引导民众树立良好的道德品质，正确应对功利主义、消费主义盛兴的社会环境中所暴露的种种道德滑坡和信仰缺失，重视以德治国和依法治国的结合。① 例如新世纪以来全国道德模范的评选，就向全国人民展示了一大批身边百姓中的模范。此外，大国应有兼容并蓄、海纳百川的气度和智慧，勇于、善于接纳不同的价值理念和文明传统，并融会创发、为我所用。

其次，在面对具体的社会问题时，应当善用中国传统优秀文化的资源来予以解决。比如当前市场经济发展过程中面临诸多物欲横流、私心膨胀、违法乱纪、贪污腐败等现象，而"厚德载物"的思想传承过程中就蕴含着丰富的应对策略。例如在义利之辨中，古人一贯

---

① 《习近平在中共中央政治局第三十七次集体学习时强调：坚持依法治国和以德治国相结合，推进国家治理体系和治理能力现代化》，《人民日报》，2016 年 12 月 11 日，第 1 版。

强调重视追求财富过程中的正当性问题,孔子说过:"富而可求也,虽执鞭之士,吾亦为之。如不可求,从吾所好",又说"贫而无谄,富而无骄,何如? 未若贫而乐,富而好礼者也","不义而富且贵,于我如浮云"等。这些都是孔子阐释"义"和"利"关系的重要观点,对于当代社会中的诸多道德失范问题有着直接的启发意义。

最后,每个人都要注重培养自身的修养。从自身的道德品质做起,进而扩充到家庭单位,重视良好的家风、家训的传承。修身、齐家的这些层面,在历史上就有众多例子,比如《颜氏家训》、《朱子治家格言》的广泛流传即是明证。一直到新时期实施的《中国共产党廉洁自律准则》、《中国共产党党内监督条例》都明确规定,党员领导干部要带头树立良好家风。只有做好了修身齐家,才能进一步去治国平天下。而治国平天下的志业,就更体现了"载物"所包含的担当意识和社会责任感。因此可以说,传统文化中个人价值的完满实现,就是对厚德载物精神的极佳诠释。

《颜氏家训》、《朱子治家格言》等家训在历史上的长期刊印流传,表明传统道德伦理在个人成长、家族维系和社会治理中有其积极意义。

第二十一节
尊师重道

尊师重道是中国重要的传统美德。师者出现以来，就成为受人尊重的对象。古往今来中华民族尊师重道的事例和风气一直延续。当然，身处社会结构剧变和伦理价值转型的新时期，尊师重道的价值理念在当今中国社会也面临全新的挑战。一方面，因为有的教师没有做到为人师表，师失尊，道无以显贵；另一方面，新时期的社会环境和风气也在一定程度上削弱了师道的权威，道失尊，师也无以显贵。那么处在国家高速发展和社会急剧转型期的我们是否还要坚守尊师重道的理念，又应该如何实践呢？

（一）尊师重道的历史传统

尊师重道，指尊敬老师，重视其所传之道。教师行业在中国有悠久历史，夏、商、周三代时就有了官师合一的师者以及校、庠、序等教育机构。虽然此时教育的对象主要还是公卿贵族，但尊敬师长的取向已成为社会认同的共识。《吕氏春秋》认为"古之圣王未有不尊师者也。尊师则不论其贵贱贫富矣。若此则名号显矣，德行彰矣。"①

　　春秋以降，私学开始盛兴，师者在社会生活中扮演的角色日益丰富和重要，尊师重道的观念也进一步得到强化，并向具有实践性的仪式层面发展。比如当时就出现了释菜、释奠等礼仪。释菜即是"大学始教，皮弁祭菜，示敬道也"，意思是开学时要穿皮弁服用菜蔬祭祀先师，以表尊重。释奠也是一种礼敬先师的礼仪，《礼记·文王世子》称："凡学，春官释奠于其先师，秋冬亦如之。"②释菜与释奠，只有礼仪繁简的区别。

　　而在民间，学生就师求学，也要祭拜、服侍老师，所谓事师之犹事父也。托名为管仲所作的《管子》一书中就有《弟子职》一篇，记弟子事师、受业、馈馈、洒扫、执烛坐作、进退之礼，③类近今日之"学生守则"，反映了学术活动兴盛的稷下学宫对当时师生关系的认识。

扫一扫
看 MooC

　　战国末的荀子把师与天地君父并列，称"礼有三本：天地者，生之本也；先祖者，类之本也；君师者，治之本也"。④

　　这种观念到了《礼记》中就明确把"天地君亲师"并列，加之汉代有帝王大力倡导尊师重道的风气，此种理念得以在国家层面确立起来。此后尊师重道的传统一直为历代官方所提倡，成为维持政治统治和社会秩序的重要基础。同时尊师的理念也不断深入民心，师者成为与天地、君王和至亲并列的尊崇对象。

我国古代民间流行的天地君亲师牌位，多供奉于中堂，是传统社会里敬天法祖、孝亲顺长、忠君爱国、尊师重教等价值观念的集中体现。

---

①　许维遹撰，梁运华整理：《吕氏春秋集释》（卷四），《劝学》，北京：中华书局，2009年，第88页。
②　孙希旦撰，沈啸寰、王星贤点校：《礼记集解》（卷二十），《文王世子第八》，北京：中华书局，1989年，第559—560页。
③　黎翔凤撰，梁运华整理：《管子校注》（卷十九），《弟子职第五十九》，北京：中华书局，2004年，第1144—1147页。
④　王先谦撰，沈啸寰、王星贤点校：《荀子集解》（卷十三），《礼论第十九》，北京：中华书局，2013年，第413页。

(二) 为何要尊师重道

尊师重道的传统何以长期以来为国人所推崇呢？从个人层面来说，尊师重道是提升自我的重要手段。师者承担的是"传道、授业、解惑"的职责，而为学之道则莫重于尊师，因此《吕氏春秋》说："疾学在于尊师，师尊则言信矣，道论矣。"①说明学习的关键在于尊敬师长，师道既尊，则学风自善。所以说尊师重道对于提升民众素质、品德，对于人才养成意义重大。

维萨里昂·格里戈里耶维奇·别林斯基（1811—1848），俄国思想家、文学理论家和评论家，批判现实主义文学理论的奠基者。他主张社会的发展取决于启蒙教育和思想文化的传播。

从国家和民族的层面来说，教育通过改善个人的素质，从而推进整个社会的发展，这是古今中外一如的道理。古希腊有谚云："教育是最廉价的国防。"说明教育乃强国之本。俄国的别林斯基说："教育是伟大的事业，人类的命运决定于教育。"②法国的巴尔扎克则认为："教育，是民族最伟大的生存原则，是一切社会把恶的数量减少，把善的数量增加的唯一手段。"③而教育事业要有发展，则离不开尊师重道的风气。所以荀子说："国将兴，必贵师而重傅。"通过尊师重道而发展教育事业，能够提高全民素养、促进国力发展、传承知识文明。

从师者自身层面，优秀的教师通常都具备良好的道德和专业素养，这是教师职业赢得他人尊崇的内在原因，这也是尊师重道的根本前提。师者基本的素质包括师德、师才和师术。师德是师者获得学生和社会敬重的首要前提，所谓"师也者，教之以事而喻诸德者也"，老师应当成为学生的道德模范。师才即师者的专业知识和能力，这是教师的立身之

---

① 许维遹撰，梁运华整理：《吕氏春秋集释》（卷四），《劝学》，北京：中华书局，2009年，第89页。
② （俄）别林斯基：《新年的礼物》，张庭焕主编：《西方资产阶级教育论著选》，北京：人民教育出版社，1979年，第406页。
③ （法）巴尔扎克：《人间喜剧》，《人间喜剧前言》，北京：人民文学出版社，1994年，第10页。

本,一位优秀的老师必须具备广博的专业学识以及融会创新的能力。师术则是师者所应掌握的正确合理的教育方法,能够将品德和知识有效地传授给每个学生,才是师者最终的职责。一位优秀的师者做到融师德、师才、师术于一身,这才是尊师重道之风流行的内在原因。

正因如此,作为一种中华传统美德,尊师重道是绝大多数国人认同的理念。从历史来看,上至君王、下至学童,均不乏尊师重道的典型。东汉明帝在做太子时,向桓荣学习《尚书》,登基后依旧尊重桓荣,探望时以师礼相待。桓荣死后,明帝亲自穿上丧服送葬,赐予首山的东面为其修筑坟墓。①

东汉明帝刘庄(28—75),光武帝之子,继位后为政苛察,总揽权柄,开疆拓土,治国有方。在文化上崇尚儒家礼制,曾设太学专聘经师传道授业。

汉代张良能够拜圮上老父为师,习得《太公兵法》,也与其尊师重道的品行密不可分。他若非为老父取履著鞋,并夜半前往拜师求学,断不能获得老父信任及相授兵法,也就无法在后来为刘邦重用,建立功业。②

张良(约公元前250—前186),字子房,河南颍川人,秦末汉初杰出的谋士、大臣,与韩信、萧何并称为"汉初三杰"。相传从黄石公处获《太公兵法》,研读后深明韬略,辅佐刘邦夺得天下。

在当代,尊师重道的风气同样流行。比如毛泽东就十分敬重他的老师徐特立,1937年徐老六十寿辰时,毛泽东曾写信祝贺,信中说:"你是我二十年前的先生,你现在仍然是我的先生,你将来必定还是我的先生。"③

中华人民共和国成立以来,随着教育的不断普及,我国于1985年1月21日举行的第六届全国

---

① 范晔撰,李贤等注:《后汉书》(卷三十七),《桓荣丁鸿列传第二十七》,北京:中华书局,第1249—1253页。

② 班固:《汉书》(卷四十),《张陈王周传第十》,北京:中华书局,1962年,第2024页。

③ 《毛泽东书信选集》,北京:人民出版社,1983年,第98页。

人民代表大会上,通过了关于建立教师节的议案,确定 9 月 10 日为教师节。教师节的确立有力推动了现代教育事业的发展,形成了全社会尊师重教、尊重知识、尊重人才的风尚。正因为师者能担起"学高为师,身正为范"的美誉,尊师重道对于国家、民族和个人均有重要意义,因此从古至今这种价值理念才能被充分认同。

(三) 如何尊师重道

那么从个人角度而言,应如何在生活中践行这种理念呢? 我们从历史传统中可以得到不少启发。

首先,应该对师者师道保有崇敬之心。所谓"一日为师,终身为父",就是要求我们做到"事师之犹事父也"(《吕氏春秋·劝学》)。师者具有崇高的地位,"明师之恩,诚为过于天地,重于父母多矣"(《抱朴子·勤求》)。由此可见,对于师长,至少要比照侍奉父母的恭敬心来对待。宋代大儒杨时"见程颐于洛,时盖年四十矣。一日见颐,颐偶瞑坐,时与游酢侍立不去。颐既觉,则门外雪深一尺矣"。[1]著名的程门立雪的故事即告诉我们古人对待师长是何等恭敬。

扫一扫
看引文

其次,在具体的生活和学习过程中,当在种种细节中表现尊师之道。东汉末年的魏昭意图拜到郭泰门下,在其左右供给洒扫。后来郭泰身体欠安,命魏昭煮粥,魏昭做好后呈给郭泰,不料郭泰将杯扔在地上,说:"为长者作粥,不加意敬,使不可食。"魏昭另做呈上,郭泰又不满意。如是三次魏昭始终没有难看的脸色,郭泰看了说:"吾始见子之面,而今而后,知卿心耳。"[2]魏昭的故事提醒我们尊师之道不是体现在口号里,而是要在日常实际行动中自然流露,洒扫庭院、煮粥侍病而不见色难,这背后不正是学生尊师重道的拳拳情意吗?

第三,给予教师最基本的生活保障,在古代也是学生的义务之一。《论语》就记载孔子收徒时要收取"束脩"(即肉干)作为奉赠的礼物或学费,可见这可能是当时普遍的礼仪。当然,孔子仍是秉持有教无类的理念,否则他也不会有颜回、原宪、子路等寒门出身的学

---

① 脱脱:《宋史》(卷四百二十八),《列传第一百八十七·道学二》,北京:中华书局,1977 年,第 12738 页。
② 司马光:《资治通鉴》(卷五十五),《汉纪四十七·桓帝延熹七年》,北京:中华书局,1956 年,第 1770 页。

生。然而到了当代社会,却有一些师生打着尊师重道的旗号进行不正当的利益交换,这与孔子"不义而富且贵,于我如浮云"的精神有云泥之别。

第四,师与道从理想层面说应该是统一的,师者自身的表率以及传授的知识都是道的体现,因此尊师与重道理论上也应该是一致的。但在具体的历史情境中,对师者的要求和对大道的诠释是有所易动的,而且师者的素质会因人而异,因此可能出现师与道不能统一的矛盾。在这种特殊情况下,应当以崇道为准,西谚有云:"吾爱吾师,吾更爱真理。"韩愈则说:"弟子不必不如师,师不必贤于弟子。"所以弟子的见解有时超

程颐(1033—1107),字正叔,伊川人,世称伊川先生,北宋理学家,与其兄程颢并称"二程"。游酢(1053—1123),字定夫,建州建阳人,北宋理学家,闽学的开创者。杨时(1053—1135),字中立,将乐人,晚年隐居龟山,学者称龟山先生,北宋理学家、文学家。公元1093年,游酢与杨时前往洛阳欲拜程颐为师,却见先生瞑目养神,只好候之门外,立于雪中。程颐既觉,已雪深尺余。

过老师,对于真理的坚守虽然可能不同于某个具体老师的意见,但却在更广泛意义上体现了尊师重道的精神。

传统社会的伦理价值和实践方式在当下社会必然面临全新的课题。当下社会,有人说,现在的老师不值得尊敬,"大学教授学者越来越像商人,商人越来越像大学教授学者";而一些中小学教师在学校有保留地教学,在业余时间通过"家教"去为孩子补课挣钱,让许多家长敢怒不敢言。此外,教师节学生给教师送礼的风气日盛,昔日的师生关系被喻为最纯洁、最高尚、最无私的关系,但如今日益功利化、商业化。教师最需要的职业道德和社会道德都有缺失,为人师者道德失范的案例屡有发生。

与此同时,在追求平等自由的现代教育环境下,无论是在教学还是管理方面,老师的权威性也受到挑战。有大学校长称,在现今的教育体制和教育产业化浪潮下,师生关系退化。在很多学院,学生成了"顾客",学校成了"供应商"。为了吸纳有能力且愿意缴付高昂学费的家庭,学校把学生和家长的意见奉为圭臬。老师顾及自己的"学生评分",甚至不愿纠正或引导学生的不良行径,采取视而不见、充耳不闻的策略,学生也因为老师的冷漠而

亚里士多德（公元前384—前322），古希腊哲学的集大成者，研究领域涉及伦理学、形而上学、心理学、经济学、神学、政治学、修辞学等等。他是柏拉图的学生，但在思想观点上与其师不尽相同。

愈加不满，就这样恶性循环永无止境。学生殴打教师、家长辱骂教师的现象也时有发生，社会上甚至出现了"教师是高危职业"的论调。

可见，除了发扬传统、以史为鉴，我们在当前弘扬尊师重道的理念必须要有新的作为。首先在教育中要重视德育与技术的平衡，要警惕实用主义和工具价值将教育效果指标化、工具化的倾向。这种倾向往往将师生的关系异化为短视的功利主义模式，一切以升学率、就业率等为标尺，使得尊师的传统慢慢淡化。因此教育仍应强调对学生的德育培养，一方面师者教学不应忽视学生的人文涵养，另一方面学生也应该意识到尊师是基本的道德。

其次，教育应注意克服物质享乐的价值取向。消费主义、享乐主义思想的泛滥不仅使得教育过程中学生以就业率、回报率衡量教学专业和水准，也使得不少教师出现了学术道德失范、学术行为腐败等现象，这进一步损害了整个教师群体在社会上的地位。习总书记曾强调："教师重要，就在于教师的工作是塑造灵魂、塑造生命、塑造人的工作。"①在社会价值取向的变迁中，师者必须首先有所坚守，做出表率，方能担起新时期人民教师的崇高声誉。

第三，教学活动中应注意师生关系的新特征。当代社会讲求平等，而且信息时代知识也不再垄断于少数人手里，教师并非高高在上，不必要求学生如事父般尊崇老师。老师要获得尊重必须认真备课授课、全心传授专业知识和做人道理。同时在教育功利化的时代，学生也不应将教师的教学活动认为纯粹是知识购买或商品交易，应保持对教师行业的基本尊重，投入课堂、专心学业。同时又不能将"学竞于业"完全替代"士志于道"，要怀有对于理想和真理的追求精神。

2014年的教师节，习近平总书记在同北京师范大学师生代表座谈时提道："教师是人

---

① 《习近平在北京师范大学考察时号召全国广大教师做党和人民满意的好老师》，《人民日报》，2014年9月10日，第1版。

类历史上最古老的职业之一,也是最伟大、最神圣的职业之一。人们常说:'教师是太阳底下最崇高的职业。'自古以来,中华民族就有尊师重教、崇智尚学的优良传统,正所谓'国将兴,必贵师而重傅;贵师而重傅,则法度存'。在古代,孔子被推崇为'大成至圣先师',被誉为'万世师表'。在中华民族五千多年文明发展史上,英雄辈出,大师荟萃,都与一代又一代教师的辛勤耕耘是分不开的。"①这表明新时期党和国家在积极推动尊师重道的社会风气,并提出要让教师成为社会上最受尊敬的职业。这需要全党全社会广泛了解教师工作的重要性和特殊性,如此方能真正理解、尊重、关心和支持教师。

---

① 《习近平在北京师范大学考察时号召全国广大教师做党和人民满意的好老师》,《人民日报》,2014 年 9 月 10 日,第 1 版。

后　记

　　2017 年 1 月，中共中央办公厅、国务院办公厅印发《关于实施中华优秀传统文化传承发展工程的意见》，要求"推动高校开设中华优秀传统文化必修课，在哲学社会科学及相关学科专业和课程中增加中华优秀传统文化的内容"。南京大学积极响应这一号召，在现有通识课程体系中专门增加了中华传统文化模块，以期把中华优秀传统文化有机地融入当代大学生的成人成才过程。作为南京大学通识教育的排头兵，南京大学哲学系迅速行动，成立以张亮教授为负责人的建设团队，开发"走近中华优秀传统文化"慕课，并于 2017 年 9 月 10 日在中国大学 MOOC 平台顺利上线，第一次授课选修人数即超过 10000 人次，反响热烈。

　　《走近中华优秀传统文化》读本系根据"走近中华优秀传统文化"慕课脚本编写而成。读本由张亮教授、胡星铭副教授、邵佳德助理研究员、陈琳副教授、郭明姬讲师共同创作完成，郭明姬讲师协助张亮教授进行了统稿工作。在慕课创作和读本创作过程中，助教团队成员张顺、张雪峰、刘翰林、赵立、王钰涵发挥了积极作用，张雪峰还承担了部分文献查核、文字校对工作。

　　《走近中华优秀传统文化》慕课和读本的创作得到南京大学王志林教授,南京大学教务处邵进研究员、蔡颖蔚副处长,南京大学教师教学发展中心王守仁教授、施林森博士、宋晓青老师等领导、同事们的关心、支持和帮助,在此特致谢忱!《走近中华优秀传统文化》读本的出版得到南京大学出版社金鑫荣社长、施敏博士的关心和支持,在此一并表示感谢!

张　亮

2018 年 1 月